JN057316

主権者を育てる社会科の授業

社会と出会う・社会を知る・社会を生きる

脇坂　圭悟
佐藤　学

人言洞

まえがき ―社会科におけるジャンプの学び

本書では、茅ケ崎市立浜之郷小学校において私（脇坂）が勤務した期間（２０１２〜２０２１年度の10年間）で実践した社会科の授業のなかから七つの学びのデザインと実践を紹介しています。浜之郷小学校は開校以来、学びの共同体学の理念をもとに校内研究を続けています。「聴き合う関係の構築」「ジャンプのある学び」「リフレクションを中心とした研究協議」などを柱にして研究を続けている学校です。

本書では「子どもたちの聴き合う関係」および「ジャンプのある学びのデザイン」を浜之郷小学校での社会科の授業実践を通して紹介しています。いわゆる社会科の〝ネタ本〟のような構成や書きぶりではなく、子どもたちがどのようにつながり合い、夢中になって学びを深めていくのかを伝えるため、できるだけ子どもたちの言葉やつぶやきを紹介しながら、「読み物風」の構成、書きぶりで執筆するようにしました。私自身が自らの実践をリフレクションしながら執筆していった形となります。読者の皆さんにも、子どもたち一人ひとりがどのような学びのストーリーを描きながら探究を進めているのかをイメージしていただけると思います。

学びの共同体では、通常、「共有の学び」（教科書レベル）と「ジャンプの学び」（教科書以上のレベル）の二つの課題で協同的学びを組織しています。45分の小さな枠組みのなかで、共有レベルとジャンプレベルを入れ込むことの大切さを感じていると同時に、学びを大単元としてデザインし、大きな枠組みとして共有レベルからジャンプレベルに移行していくこともまた、大きな効果があると実感しています。本書で紹介する事例の多くは、単元全体を大きな枠組みとして捉え、「共有の学び」から「ジャンプの学び」へと移行し、単元が進めば進むほど、子どもたちが夢中になって学んでいくという授業デザインをとっています。

では、社会科における「ジャンプの学び」とはどのようなものなのでしょうか。私は、社会科においては「認識をジャンプさせること」が「ジャンプの学び」といえるのではないかと考えています。子どもたちは、これまでの経験や学習、手元にある資料などを通して、課題に対する〝現在の認識〟をつくり上げます。そこに、新たな事実や資料を提示することで、これまでつくり上げた認識がどう変わっていくのかを見取ることができます。実際、世の中を生きていく以上、日々新たな情報や事実を突きつけられ、そのつど判断し、行動していくことの連続です。当然、それまでの認識が変わらないときもあれば、変えなければならないときもあります。しかし判断を下す際には、目の前に突きつけられた新たな情報に対して、しっかりと向き合い、吟味する力が必要となります。この力をつけていくという意味においても、「ジャンプの学び」をデザインしていくことはたいへん有効だと感じています。本書でも子どもたちの社会的事象への〝認識のジャンプ〟を図る試みを多く紹介しています。

先にも記したように、本書では、子どもたちの「言葉」をできる限り多く掲載しました（本文中に登場する児童名はすべて仮名です）。子どもたちがどのように聴き合い、認め合い、つながり合って学びを深めていくのか。また、教師はどのように学びをデザインしファシリテートしていけばよいのかを読者の皆さんとともに考えていくためのたたき台となればこのうえなく幸いです。

脇坂 圭悟

目次

序章 社会科における学びのイノベーション
―脇坂実践の意義―

佐藤 学

本書の意義

本書は、小学校社会科の新しい実践の道筋を鮮明かつ具体的に描き出している。何が新しいのか、そしてこの新しい社会科の授業はどのような特徴をもち、どのような意義があるのか。さらに、この新しい社会科の授業はどう実現したのか。私（佐藤）が本書の授業実践から学んだことを読者の皆さんの参考のために叙述したい。

脇坂圭悟さんの社会科実践の意義は、『主権者を育てる社会科の授業―社会と出会う・社会を知る・社会を生きる』という本書の標題に表現されている。社会科の目的は「民主的市民」の育成にある。社会科（総合教科：Social Studies）を1920年代アメリカにおいて創発したハロルド・ラッグは、社会科を「社会問題」（15項目）を認識し「民主的市民」を育てる教科と規定していた。本書は社会科の起源に直結し、その現代的意義を実践的に提示している。

本書の社会科実践は、日本の教師たちのみならず、諸外国の教育研究者たちや教師たちにも絶賛されてきた。発端は２０１４年にインドネシアで開催された世界授業研究学会（World Association of Lesson Studies）の年次大会であった。この大会の基調講演で、私は本書第３章の「工業生産を支える人々―自動車産業の学習」の授業記録ビデオ（英語テロップ付）を紹介したのだが、欧米諸国とアジア諸国の教育学者たちの誰もが、「これこそ21世紀型の授業実践の典型」と絶賛した。同じ授業ビデオは２０１６年に北京市で開催された第６回学びの共同体国際会議（International Conference of School as Learning Community）、２０１８年にはタイのチュラロンコン大学主催の招待講演においても紹介した。その結果、脇坂さんの教室には毎年、中国やタイや台湾など海外から多くの教師が参観に訪れ、２０１９年には脇坂さん自身が北京師範大学に招待されて社会科教育セミナーを開催した。また２０２０年の第８回学びの共同体国際会議（世界31カ国から２１０名オンライン参加）では、本書第６章に記述された「国土の自然とともに生きる」の授業がオンラインで世界各国にライブ配信され、ここでも脇坂さんの実践は世界中の教育学者と教師たちに高く評価された。

　なぜ、脇坂さんの社会科実践は、国内外の教育学者、教師たちの絶賛を呼んできたのだろうか。いくつか要因をあげることができるだろう。

　第一は、脇坂さんの教室が「21世紀型の授業と学び」を体現していることにある。「学びの共同体」の改革は、約30年前に私が提唱し国内外に普及した学校改革のビジョンと哲学と活動システムである。この改革は、19世紀・20世紀型の一斉授業から「21世紀型の探究と協同の学び」へのイノベーションを推進し、アジア諸国を中心に学校と教室の風景を一新させてきた。「21世紀型の授業と学び」は、子どもたちの学びを中心とする授業（探究と協同の学びを中心とする授業）であり、教師は「教える専門家：teaching professional」ではなく「学びの専門家：leaning professional」であり、説明、発問、指名、板書を中心とする活動ではなく、学びのデザイン、学びのコーディネーション、学びのリフレクションを中心とする活動を行っている。脇坂さんの授業は、この「21世紀型の授業と学び」の典型として称賛されてきたのである。

第二は、教室の子どもたちの学びがすばらしいことである。脇坂さんの教室には社会的経済的文化的に不遇な子どもたちが数多く存在している。その障碍を超えて、彼の教室の子どもたちは、一人残らず授業の最初から最後まで夢中になって学びに専念し、質の高い学びを創造している。この感動的な姿は文字資料ではとうてい伝えることはできない。彼の授業実践が常に映像記録で共有され、教室の直接参観によって伝播してきたのは、教室風景のすばらしさによっている。

第三は、脇坂さんの社会科授業における学びが、現代社会の論争的問題、つまり正解のない社会問題を思考し探究する学びとして追求されてきたことにある。彼の授業の目的は社会的事象や知識の「理解」にあるのではなく、その「理解」をふまえた社会問題の「探究」にある。「正解のない問題」、脇坂さんの言葉に即して言えば「社会を生きる人々がそれぞれかかえているジレンマ」が、彼の社会科授業の教育内容である。この設定によって、脇坂さんの社会科実践は、「理解」と「認識」を目的としてきたこれまでの社会科授業の枠を超えた、新しい社会科教育の地平を切り拓いている。

第四には、脇坂さんという教師が、専門家として学び続ける教師であり、彼の存在と授業実践のスタイルが、新しい教師の専門家像を提起してきたことがある。本書をお読みいただければ、一つひとつの授業が、彼自身の社会事象の探究、教師としての専門性と実践的見識の絶えざる研鑽によって結実していることが知られるだろう。

脇坂圭悟さんのプロフィールについて簡単に紹介しておこう。脇坂さんは大阪教育大学を卒業後、民間企業を経て、２００6年から２０１1年まで神奈川県寒川町立寒川小学校に勤務、２０１2年に隣接する茅ケ崎市立浜之郷小学校に交換人事で3年勤め、そのまま浜之郷小学校にとどまり、２０１7年以降は研究主任も務めて、２０２2年まで計10年間勤務した（現在は茅ケ崎市立浜須賀小学校勤務）。浜之郷小学校は１９９８年の創設以来、学びの共同体のパイロット・スクールとして有名である。脇坂さんが交換人事で浜之郷小学校を希望したのも、「21世紀型の授業と学び」を推進する授業改革に希望を見いだしたからである。

私が脇坂さんと出会ったのは、彼が浜之郷小学校に赴任した２０１2年である。その年、脇坂さんが月例公開研究会で提案した授業は「音楽」（小学5年）だった。当初、彼の研究の中心教科は音楽だった。この授業は今も鮮明に覚えている。リズム・パーカッションの即興から始まり、ミュージカルを創作する作曲活動のグループワークへと移行した。和声進行から根音（ルート音）に沿って作曲を行ってグループで合奏する展開である。この授業から想像できるように、脇坂さんはジャズ音楽を趣味とし、ジャズ音楽の素養が彼の授業の場の空間やテンポや関係づくりの基盤にあると思う。子どもたちが学びの主人公になり教師が即興的に関わるとき、その有様はジャム・セッションのようである。教室の参加構造を研究し教師の即興的対応の重要性を指摘した研究者フレデリック・エリクソン、そして「反省（省察）的実践家」の専門家像を提唱してリフレクション研究を準備した哲学者ドナルド・ショーンがいずれもすぐれたジャズ演奏家であったことを思い起こさせる。

脇坂さんが、社会科の授業実践に没頭し最初に公開授業を行ったのは、２０１4年11月14日である。「工業生産を支える人々—自動車工業の学習」（本書第3章）の授業であった。脇坂さんは単元の開発に当たり、教科書では自動車工場の見学⇩生産過程⇩製品の海外進出という内容で構成されているのに対して、「働く人」

を中心に設定し、自動車工場の労働者と教室内の自動車企業と関連企業で働く親たちを対象とする詳細なインタビュー調査を行った。そのインタビュー調査の記録を学習資料として、自動車産業の労働者のかかえている現代社会のジレンマを子どもたちが協同で探究する授業を行った。圧巻と呼びうる授業であった。

私は当時、東京書籍の小学校社会科教科書の編集責任者であり、新しい社会科教科書の編集方針として「社会と出会う・社会を知る・社会を生きる」を掲げていた。その編集方針をそのまま体現した授業が目前で展開されている事実に驚嘆したことを覚えている。浜之郷小学校では、カリキュラムの文化領域（教科横断の内容領域）として「言語」「探究」「アート」「市民性」の4領域を掲げてきたが、「市民性」と「探究」の教育を具現化する実践でもあった。

以後、脇坂さんは本書が執筆されるまで、社会を生きる当事者である「人」を中心対象として、人々が直面している「ジレンマ」（現代社会の論争問題）を子どもたちが協同で探究する授業づくりに邁進してきた。本書は、その8年間の彼の授業実践のエッセンスを集約している。

主権者を育てる社会科

社会科の目的は、市民性を備えた民主主義社会の主権者を育てることにある。政治哲学者ハンナ・アレントが指摘したように、民主主義の社会はその担い手である市民の教育を前提としており、逆に教育は民主主義の社会を前提としている。社会科教育は、この教育の使命を中心的に担っている。冷戦構造が崩壊する前の国民国家の時代には「国民」の育成が世界各国の教育の中心目的であった。しかし現在、どの国においても「市民性（シティズンシップ）」の教育が教育の中心目的とされている（ただし、日本の教育基本法と学習指導要領では

「市民性」という言葉は登場せず、「国家及び社会の形成者」と記されている）。

現代の教育で追求される市民性は三つの構成要素で成り立っている。「グローバル世界の市民」としての市民性、「日本社会の市民」としての市民性、そして「地域社会の市民」としての市民性の三つである。本書の脇坂実践は、この三つの市民性の教育を追求した実践として評価できるだろう。

一般に普及している社会科授業はどうだろうか。かつて小学校の社会科教科書の編集代表を務めたとき（2006〜2016年）、すべての検定教科書を通読して驚いたことがある。その一つは「社会科の教科書なのに社会がない」という驚きである。

社会は「資本（経済資本、社会資本、文化資本）」「社会契約（法・市場）」、そして「知識情報」によって組織されている。しかし小学校社会科の教科書には、資本のシステムも、社会契約のシステムも、知識情報のシステムも叙述されていない。まるで人々の「工夫と努力」で社会が組織されているかのような記述なのである。子どもたちは大人と同様、この社会の主人公であり主権者であるにもかかわらず、教科書の描き出している社会は子どもたちの遠くに抽象的に存在し、子どもたちとは無縁のものとして扱われている。

もう一つ驚いたことがある。社会科教科書に描かれている社会が、50年前の日本社会であることである。社会科教科書は、農業と漁業から始まり工業へといたる。しかし、現在農業・漁業に従事する人口はわずか2％、工場労働に従事する人口は16％に減少している。社会科教科書が教えている社会は高度経済成長期の日本社会、産業主義社会の日本社会でしかない。世界と日本は約30年前に、モノの生産と消費が骨格をつくる産業主義の社会から、知識と情報と専門サービスが骨格をつくるポスト産業主義の社会（知識基盤社会）に移行している。現行の教科書では、子どもたちが現代の社会と出会うことはないだろう。

さらに言えば、現代の社会は未解決の多くの問題を内包している。現実の社会は矛盾と葛藤の集合体と言ってもよい。憲法が明記している「国民主権」も「国の主権」も「三権分立」も「民主主義」も「平和」も「自由」も「平等」も「人権」も、どれ一つとして満足できる状態に達してはいない。これら現実社会に横たわる矛盾や葛藤こそが、社会科において学ばれるべき対象であるにもかかわらず、それらは、教科書から排除され隠されている。まるで、社会の問題については大人になって考えればいいと言わんばかりである。すなわち、社会科教科書において、子どもは社会の外へと追いやられている。

脇坂さんの授業の革新性

脇坂さんの授業は、これら社会科が内包する複雑な障碍を内破する実践として展開した。その方略における特徴として、「社会と出会う」「社会を知る」「社会を生きる」の三つをキーワードとして示しておこう。

脇坂さんの社会科の授業においては、子どもたちが人と出会うことを学びの出発点とし、その人がかかえている社会的ジレンマを追体験し、その葛藤を探究的思考につなげる学びを展開している。その人は固有名で登場する具体的な人であり、工場で働いている人、茅ケ崎市で国際活動に参加している人、校区の高速道路開発に反対した人、子どもたちの保護者など、多様であるが、これらの固有名の人の声に耳を傾けるところから学びがスタートする。「社会と出会う」学びが「人」との出会いで設定されている。しかも、多くの場合、子どもたちが出会う人は対立する立場の人である。自動車工業で働く人の場合は、国内工場で働く人と海外の工場で働く人、大企業で働く人と中小企業で働く人、高速道路やダムの開発においては、開発を推進した人と開発に反対した人など、絶えず複眼的で多角的な視点から対象となる問題への接近がはかられている。

脇坂さんの授業では「社会を知る」活動は、思考と探究の基盤として位置づけられている。彼の授業で活用される膨大な資料は、教科書や資料集に記されている知識や情報をはるかに凌駕していて、一般の教師や市民の常識をはるかに超えている。これらの知識や情報のほとんどは毎回の授業で配布される資料集や提示される映像資料によるものであるが、それ以外にも教室の後ろには関係する書籍が図書館から借りだされて、いつでも手に取って学べるようになっている。これらの知識や情報は「理解」を目的としているのではなく、協同的探究のための「活用」を目的として選ばれている。

脇坂さんの授業において、子どもたちは他人事ではなく当事者として「社会を生きる」学びを遂行している。なぜ、子どもたちは学びにおいて当事者性を発揮して、思考し探究することに没頭するのだろうか。その秘密の一つは、脇坂さんの社会科の授業では「答えの出ない問題」が探究されているからであろう。社会問題の学びにおいて「問題解決」が求められているのではなく、問題の解決に向かう「探究」それ自体が追求されている。この点で、彼の授業はこれまでの社会科教育の問題解決学習と性格を異にしている。

かつて1970年代、ジェローム・ブルーナーが「人間研究—学習課程：Man：A Course of Study（MACOS）」のカリキュラム開発において、社会を対象とする教育においては「論争的問題」を避けてはならないと主張したことを思い起こす。社会は現実の「論争的問題」を通して姿を現すからである。ブルーナーはカリキュラムの「構造」の提唱者として知られているが、それ以上に「レリバンス（現実的意味）」を重視していたことを見過ごしてはならないだろう。

脇坂さんの社会科実践はブルーナーの卓見に通じている。答えの出ない「社会のジレンマ」を直接的な学習内容に設定することによって、子どもたちは「社会を生きる」経験を実現している。このことは子どもたち自身が日々経験している社会を、生々しく教室にもち込むことにもなる。たとえば、自動車産業の授業で、国内工場の擁護か海外工場の拡張かを議論したとき、子どもたちは「社会的には…でも個人的には…」と自己内の葛藤を表現しているし、高速道路やダムの開発の是非を議論したとき、補償金による解決をめぐって子どもたちは自らの経済的境遇を反映した意見を提示し、レバノンで就学できない子どもたちの「現在のための児童労働か、将来のための教育か」をめぐる議論においても、それぞれの子どもの生活実態をみごとに反映する意見を表明していた。教室での「社会を生きる学び」は、子どもたち自身の社会を生きることと直結しているのである。

学びの空間と関係

脇坂さんの社会科実践で誰もが魅了されるのは、一人残らず学びの主人公になって探究を行っている姿だろう。この教室風景は、どのようにして実現しているのだろうか。

社会科の目的である民主的主権者の教育を実現するためには、その前提として、教室自体が民主主義の社会となり、一人ひとりの子どもが学びの主権者として思考し行動することが保障されていなければならない。しかし、現実の教室において、子どもが学びの主権者として扱われていることは稀である。国連子ども人権委員会が指摘するように、日本の子どもの人権は「教育と保護」の対象として扱われているが、子どもを「市民的権利」の担い手、すなわち大人と同等の主権者として扱う面で弱さがある。教室は、主権者としての子どもが最も登場しにくい場所になっているのではないだろうか。脇坂さんの教室の子どもたちは、この壁を打ち破っている。脇坂さんの教室において、子どもたちは一人ひとりが学びの主人公であり、学びの主権者である。

脇坂教室の子どもたちは、何によって学びの主人公になり学びの主権者になっているのだろうか。彼の教室を観察すると、「空間」「時間」「関係」の三つが基本要件として準備されていることがわかる。

脇坂さんの教室は、八つから九つの男女混合4人グループで空間的に組織されている。この教室で子どもたちは、脇坂さんをコーディネーターとする全体の学び合いと小グループの協同的学びの二つを遂行する。中心は小グループによる探究的協同的学びであり、それを促進し支援する活動として全体による学び合いが位置づけられている。教室の後ろには時々のテーマに関する参考文献が多数揃えられ、教室の右前方にはデジタル・テレビが置かれ、左前方には意見分布を表示する小黒板が置かれている。脇坂さんは黒板を積極的に活用しているが、学習資料の提示と子どもたちの発言の思考のつながりを表示する目的で使われている。子どもたちの個々の机にあるのは、社会科ノートと毎回配布される資料とワークシートである。社会科ノートは毎回配布される資料とワークシートを張り付けてあり、10㎝以上の事典のように膨れ上がっている。

脇坂さんの教室には、穏やかでうねるような時間が流れている。子どもたちは、授業開始前に着席すると、自分のノートを開いて銘々、自分のペースで授業の準備を開始する。「始めましょう」と脇坂さんが声をかけ、最初に「いいね」の交流が行われる。「いいね」は、前回の授業のリフレクションを一覧にした資料に基づいて、教室の友達のリフレクションから学んだことが交流される。そして、脇坂さんから新しい資料やデータの提示が行われ、「共有の課題」が示されて小グループで協同的な探究が行われる。全体に戻されていくつかの意見が交流され、新しい資料やデータが提示されて「ジャンプの課題」が提示される。そして再び小グループによる協同的な探究が行われ、最後に全体の交流が行われ、リフレクション・シートに学んだことが記される。どの授業も、この構造で時間が組織されている。

一人残らず主人公として学びを遂行する教室の基盤には、聴き合う関係がある。ジョン・デューイは、民主主義は口ではなく耳によって実現すると述べていた。卓見である。民主主義は「話し合い」なのではなく「聴き合い」によって実現する。聴き合う関係によって、私たちは他者を尊重し自らも尊重する関係を築くことができ、多様性に開かれた対等平等な関係を築くことができる。

学びにとって聴き合う関係は決定的に重要である。聴き合う関係によって対話的コミュニケーションが成立し、対話的コミュニケーションによって探究的学びが実現する。モノローグの話し合いでは、学びも探究も生まれようがない。さらに、聴き合う関係はケアの関係の基盤であり、教室を一人も独りにしないケアの共同体へと導いてくれる。

資料と課題による学びのデザイン

社会科の学びは「資料」と「課題」のデザインが決定的に重要である。社会科は教科書によって教えることはできない。なぜならば、社会の事象を対象とする学びは、資料（データを含む）による思考と探究であり、資料と課題のデザインなしには成立しないからである。資料とデータによる探究が教科書の知識と結合するところに社会科の学びが成立するといってよい。

これまでも社会科教育の実践を行う教師たちは、教材研究を行い、資料を準備して授業を行ってきた。しかし、その教材研究と資料は「教えるカリキュラム」として準備されてきたのであって、子どもを主体する「学びのカリキュラム」として準備されてきたわけではない。「教えるカリキュラム」がいくら豊かになっても、「学びのカリキュラム」は貧弱なものにとどまっていた。脇坂さんの社会科実践は、「教えるカリキュラム」ではなく「学びのカリキュラム」を豊かに提供することによって、「主体的・対話的で協働的な学び」を実現している。

脇坂さんの提供する資料は、多種多様であるが、二つの特徴をもっている。一つは第一次資料であること、もう一つは地域の人が登場する資料であることである。

脇坂さんの授業で提示される資料は、ほぼすべてが脇坂さん自身の取材による第一次資料である。参考図書も準備されるが、それらの参考図書は、教室の後ろの棚に並べられていて、授業で使われることはない。脇坂さんは、新しい題材に取り組む際に、必ず当事者にインタビュー調査を行い、その聞き取りを文字に起こし「声」の資料として子どもたちに提示している。この第一次資料が「学びのカリキュラム」の中心となり、それを補足するものとして新聞記事や統計データなどが配布される。

さらに脇坂さんの準備する資料には、必ず地域の人が固有名で登場する。題材が地域を離れ、国境も超えてルワンダの戦争やレバノンの貧困など海外に及ぶ場合でも、それらの社会問題に直接たずさわっている地域の人が登場する。脇坂さんの授業においては、世界があって日本があって地域があるのではない。地域のなかに日本があり世界がある。今を生きる人の生きざまのなかに現代社会の出来事があり、学びの対象となる社会問題が埋め込まれている。

脇坂教室の子どもたちの社会科ノートは百科事典のような厚さに膨れ上がっている。毎回の資料がノートに貼り付けられ、その厚い資料集が子どもたちの学びの軌跡であり、学びの宝庫になっている。授業中に子どもたちは何度も、この「百科事典」をめくり直し、机の上の新しい資料を参照して自分の思考を深め、そこで生成される新たな気づきを仲間たちと交流して探究活動を推進している。

学習課題の設定では、脇坂さんはほかの学びの共同体の実践者と同様、「共有の課題（共有レベルの学び）」

と「ジャンプの課題（ジャンプの学び）」の二つをデザインしている。「共有の課題」は教科書レベルの課題であり、「ジャンプの課題」は教科書よりも高度のレベルの課題である。「共有の課題」は授業の前半に提示され、「ジャンプの課題」は授業の後半に提示される学習課題であり、それぞれ資料を手がかりにしてグループで探究的に学ばれる。

脇坂さんの社会科実践は、「ジャンプの課題」のデザインの魅力からスタートしたといってもよいだろう。「ジャンプの課題」は、学力の差異を超えて、すべての子どもたちの学びを夢中にする。しかも「ジャンプの課題」は、社会科の学びを「理解」から「探究」へと導いてくれる。現代社会を生きる人の現実と葛藤を対象として「正解のない問題」を子どもたちに探究させる脇坂さんの授業において、「ジャンプの課題」が格別に重要な位置を占めているのは当然だろう。

本書の実践で示されているように、脇坂さんの授業における「共有の課題」は「ジャンプの課題」の基礎であり、題材に対する問題意識の生成と基礎知識の共有が求められている。それに対して、「ジャンプの課題」は、「正解のない問題」を多様なアプローチで探究するものとなっている。

この課題のデザインがもたらす探究的学びの性格についても言及しておきたい。脇坂さんの実践は、これまでの社会科教育の実践における「社会問題の解決」か「社会的概念の形成」かという二つの系譜のいずれとも異なる探究的学びを成立させている。脇坂さんの実践は、大人でも困難な社会問題の解決策を子どもたちに考えさせる「問題解決学習」ではない。さらに脇坂さんは「社会的概念の形成」を目的とする実践を行っているのでもない。脇坂さんがめざしているのは、現代を生きる人々の現実とそこで生まれる葛藤と出会うことであり、その社会問題を当事者の一人として思考し探究することである。すなわち現代社会を主人公（主権者）として生きる社会の見方と考え方を獲得することにある。だからこそ「正解のない問題」を課題としてデザインする必要があるのである。

社会科実践の未来を拓く

小学校社会科が誕生して75年を経過した。その歴史的経験をふまえて、脇坂さんが新しい社会科教育の地平を拓かれたことに感謝の意を表さずにはいられない。

思い出すのは、戦後50年特集でNHKラジオの連続対談を行ったときの思い出である。第1回目の対談者は、小学校社会科創設において中心的役割をはたした上田薫さん（故人）であった。番組は私の質問「戦後50年をどう振り返られますか」に対する上田さんの応答から開始された。上田さんは、振り上げた拳を振り下ろしながら「社会科の敗北です」と強い口調で語られた。拳がマイクに当たり「ダーン」という音がスタジオに響いた。生放送だったので、ラジオを聞いていた人は突然の音に驚いたに違いない。上田さんは、政治の腐敗、民主主義の崩壊は、戦後社会科の「敗北」だと訴えたのである。戦後、社会科は平和と民主主義を希求して誕生した。その敗北の歴史を痛恨の思いで表現されたのである。上田さんが存命であったなら、本書を真っ先にお届けしたいと思う。

脇坂さんの社会科教育は主権者を育てる実践であり、子どもたちが社会と出会い、社会を知り、社会を生きる学びを実現する実践である。学びの共同体の社会科における探究的で協同的な学びの一つの到達点を示す実践であり、社会科教育の未来の在り方をさし示す実践でもある。読者の皆さんには、本書に活写された具体的事例から数多くの示唆を学んでいただきたい。

第1章　地域教材の開発と学びのデザイン

地域教材の開発は私たち教員にとって非常にやりがいのある仕事です。私も日々、何か授業化できる題材はないかとアンテナを張りながら生活をしています。

地域学習をする際に気を付けていることは、単に用語を覚えたり、話を聞いたりして地域のことに詳しくなるというのではなく、地域というレンズを通して世の中に目を向けるようにすることです。本章では5年生の環境単元で取り組んだ地域学習を紹介します。

「開発と環境保護～地域教材を通して」（5年生）

次ページの3枚の写真❶は、浜之郷小学校学区の航空写真です。1枚目は1980年代の写真です。まだ浜之郷小学校の校舎もできていません。これが3枚目の2000年代になると、開発が進んで高速道路ができ、商業施設なども増えてきている様子がわかります。もう少し細かく見てみましょう。写真では、左側に小出川という川が見えます。2枚目の1990年代になるとこの川に沿って新湘南バイパスという高速道路が一本通

写真❶　浜之郷小学校学区の変遷

ります。さらに２０００年代になると、ジャンクションができているのがわかります。左側に大きくカーブしているのが２０１３年開通した圏央道です。私たち茅ヶ崎に住むものは非常に便利で、この圏央道に乗ると、都内までなら1時間ほどで着きます。浜之郷小学校学区から横浜や川崎であれば、下道を通ると1時間ほどかかりますが、圏央道を通れば30分ほどで行けてしまいます。北関東へも1時間半ぐらいで行けてしまうたいへん便利な道路です。しかし、便利を得た反面、失っているものもあります。今回は開発の裏で失っているものも多くあるということを子どもたちにぶつけ、「開発と環境保護」について考えさせていくという実践を試みてみました。

私は、茅ヶ崎市の社会科研究会にも所属しているのですが、この年は各学校で地域教材を開発していこうという研究方針が出されました。茅ヶ崎というと〝海〟であったり、〝サザンオールスターズ〟などのイメージがあります。そういった意味では、海側の学校は比較的地域教材が開発しやすいのかもしれません。海側にはサーフィン文化があったり、漁師さんもたくさん住んでいたりしますので、そういった海にまつわる地域教材が比較的開発しやすいという面があるかもしれません。しかし浜之郷小学校は海からはかなり離れた立地にあります。地域教材として何があるのか、なかなか思いつきませんでした。しいて言えば田んぼや自然くらいしか思いつきませんでした。しかし、よく考えればその田んぼや自然も高速道路開発によって年々失われてきているという実態があります。そこでふと思いついたのが、この目の前で起きている田んぼや自然環境が減少しているという事実を地域教材として子どもたちにぶつけてみることができないものかということです。

浜之郷小学校の真横には高速道路が通っています。写真❷は浜之郷小学校の屋上です。浜之郷小学校は屋上にプールがあるのですが、屋上の高さと高速道路の高さが大体同じなのです。写真のように屋上のプールから高速道路が丸見えなのです。子どもたちも高速道路が間近にある環境で日々過ごしています。この高速道路ができたことによって、そしてさらなる拡張工事が続けられることによって、田んぼや自然がどんどん失われていっています。高速道路の利便性を伝えつつも、その背後で失われているものがあるという事実を、子どもたちはどう考えるのかということを問うていくこととしました。

写真❷　浜之郷小学校の屋上

浜之郷小学校は大きくわけて3つのエリアから子どもたちが通学してきています。各エリアごとに色の名前がついています。学区の西側のことを赤コース、南側を緑コース、北側を黄色コースと呼んでいます。

赤コースは高速道路から離れた地域であることや、産業道路が通っている関係で、この地域に住んでいる子は開発については比較的ポジティブに捉えている子が多いように感じます。どんどん開発が進み、商業施設がたくさんでき、〝豊かな世の中〟〝便利な世の中〟になっていくことに喜びを感じている子が多いように思われます。

緑コースは新興住宅地が多く、最近引っ越してきたという家庭もかなりあります。引っ越してきた家庭のなかには、高速道路やインターが近くにあり、便利だから引っ越してきたという家庭もあります。

黄色コースは、今回の題材でもある高速道路の影響をもろに受けている地域です。古くからこの地に住まれている地主さんのような家がたくさんあるエリアでもあります。おじいちゃん、おばあちゃんと同じ家に一緒に住んでいるという子も多くいます。この黄色コースの子たちは、どちらかというと開発にネガティブなイメージをもっています。というのも、開発によって田んぼを失った家があるからです。もともとこの土地でおじいちゃん、おばあちゃんが農業をしていたのに、その田んぼが高速道路開発によって取り上げられてしまった家や、田んぼ自体は守ることができたものの、高速道路ができたことによって、日差しを遮られ、日光が当たらなくなり、稲の生育が悪くなってしまったという家もあります。

今回の授業実践は「開発と環境保護」というテーマですが、それを考えるうえで、住んでいるエリアによって子どもたちの見方や考え方がかなり違うというところからのスタートとなります。

浜之郷小学校の5年生は総合的な学習の時間を使って、1年間稲作の学習を行います。地域の「西久保田んぼ塾」の方々に講師として来ていただき、稲作におけるあらゆる工程を学んでいきます。とくに塾長のSさんからは「米づくりのやり方」だけでなく、農家の苦労や努力、工夫していることなど、農業を職業としている人々の〝熱い思い〟を教えてもらっています。

写真❸の①はまだ田んぼになる前の土地です。花がいっぱい咲いていて、ここで1年間、稲作をすることを確認しつつ見学に来ているところです（すぐ隣には高速道路が見えています）。5月になると耕されて水が入ります。ここに②のように、学年全員（100名程度）が一斉に入り、45分間とにかく歩きまくります。なんのために歩きまくっているのかというと、じつは100人のマンパワーによって代掻きをしているのです。代掻き器具を使わずとも、とにかく45分間、ぐちゃぐちゃと土を潰してかき混ぜながら歩くことで、代掻きができてしまうのです。最後は③のように板を引きずって田植えがしやすいように整えていきます。リレーや競争形式でやると、子どもたちも喜んで楽しみながら取り組めます。

④のように5月下旬になると田植えをします。やはり黄色コースの子はもともとおじいちゃん、おばあちゃんが田んぼやっている家が多いので、田植えも経験がありスムーズに植えていけます。いっぽう、赤コース、緑コースの子たちは初めての経験という子がほとんどです。子どもたちは手作業で田植えをしますが、⑤のように、機械での田植えも見せてもらいます。

写真❸　総合的な学習の時間の様子

写真❹　総合的な学習の時間の様子

写真❹の⑥は案山子（かかし）をつくっているところです。⑦は草取りの様子です。夏になるとヒエやアワなどの雑草が生えてきます。それを田んぼに入っていって一本一本抜き取るという作業もしています。

⑧は水路探検をしているところです。田んぼに入ってくる水はどこから来ているのかというのを、水路を逆流して見に行くという活動です。この水路探検をやってみると、現在の水路の大部分が高速道路の側道に沿ってつくり直されているということがわかります。もともとは田んぼだった土地の大部分が高速道路にとられてしまったという事実の気づきにもつながっていきます。最終的には川の

取水口のところまで歩いていき、水路の出発点を確認することができました。秋になると、⑨のように稲刈りをします。さらに⑩脱穀、⑪精米と進めていきます。

浜之郷小学校ではこのあと、自分たちがつくった米を売るという段階に入ります。その年の収穫量に応じて販売金額も変わってきます。今年は何グラムを何円で売るのかということを自分たちで考えていきます（写真❺の⑫）。この取り組みの背景には、農業を体験で終わらせるのではなく、農業ビジネスとして考えさせたいという思いがあります。農家は、何も慈善活動でお米をつくっているわけではありません。やはり職業として農業をやる以上、儲けを出す必要があります。子どもたちにも、儲けを出すにはどうすればよいかを考えさせます。あまり高く設定しすぎると売れませんし、安すぎると儲けがでません。子どもたちは、一生懸命考えます。

⑫

⑬

⑭

⑮

写真❺　総合的な学習の時間の様子

写真❻　タゲリ

⑬のように自分たちでパッケージをつくり、名前も自分たちで考えます。この年は『笑郷米』という名前になりました。ここで儲けたお金は、地域の方々を呼んで収穫祭というパーティーを開く資金にしたり、次年度の5年生が稲作をやるときに使う防鳥ネットや新しい鎌を買ったりする資金にすることにしています。つまり儲けないと収穫祭も開けないし、次の5年生が田んぼの学習をできなくなるということになります。ですので、子どもたちは一生懸命、何円で売ればいいのかを考えます。⑭⑮は校門の前で販売をしている様子です（販売のことは事前に地域の方々や保護者に宣伝をしているので、必ず買いにきてくれます。毎回絶対完売はするのですが、子どもたちは「やった！　完売した！」と達成感を得て満足げな表情になります）。

指導してくださっている「西久保田んぼ塾」の塾長のSさんは、田んぼの機能であったり、田んぼが開発によってどんどんなくなっていっているなどの話を子どもたちにしてくださいます。たとえば、皆さんは写真❻の鳥をご存知でしょうか。これはタゲリという鳥で、以前は浜之郷小学校周辺の地域にもたくさんやって来ていました。浜之郷小学校周辺地域のことを『湘南タゲリの里』という別名があるくらいです。この地域で取れた米は、『湘南タゲリ米』というブランドで販売されているほどです。しかし、この鳥が高速道路の開発によって、近年はほとんど来なくなったのです。子どもたちに稲作を指導してくださっているSさんは、このタゲリの保護活動にも力を入れており、子どもたちにその取り組みに関する話もたくさんしてくださっています。

子どもたちも、高速道路開発によってどんどん田んぼが減っていき、そしてタゲリも来なくなってきたということを知っていくのですが、この段階で、では「開発か、環境保護か、どちらが大切か」という授業をやったならば、間違えなく「環境保護が大切だ！」となると思います。稲作の学習をずっとしてきたこと。そしてそれを指導してくださっているSさんの思いをしっかりと感じ取っている以上、そうなると予想されます。「開発けしからん！」「高速道路けしからん！」というような思いに、どんどんなっていくと思います。

しかし、これでは一方的な見方になってしまいます。社会的な見方、考え方を養うということにはなかなかつながっていきません。そこで高速道路を開発した側の立場の話がなんとか聞けないものかというふうに考えました。

いろいろ調べていると、浜之郷小学校の真横に走っている「新湘南バイパス」という1980年代に建設された高速道路の設計をされたAさんが、実践当時、川崎にあるNEXCO（ネクスコ）中日本の資料館の館長をされていることがわかりました。「新湘南バイパス」は、この授業を行っていた当時、圏央道との接続工事の真っ只中でしたので非常にタイムリーであり、なおかつ地元の開発を象徴するような話題でもありました。この「新湘南バイパス」の建設にたずさわった人から話を聞き、授業に取り入れることができれば、子どもたちの思考も少なからず揺さぶられるのではないかと考えました。

早速アポイントメントをとり、インタビューをさせてもらうことができました。インタビューの様子は動画で撮らせてもらいました。さまざまな話をうかがうことができ、それを資料として子どもたちに出していくようにしました。

私はインタビュー動画を撮らせてもらう際に必ずお願いしていることがあります。インタビューの冒頭では、「5年1組のみなさん、こんにちは」と必ず言ってもらうのです。子どもたちにとっては、どこの誰だかわからないおじさんが話をしています。ですので、「これは自分たちに向けて話をしてくれているんだ」「自分たちだけの資料なんだ」という特別感を出すことが大切だと考えています。それがあるのとないのとでは、資料に向き合う姿勢や切実感が大きく変わってくるように思います。

いっぽうで、日頃、田んぼの指導をしていただいているSさんからも環境保護に対する思いをインタビューで聞かせていただき、それを資料として子どもたちに提示していきます。

これで、開発した側と開発された側、両方の立場からの情報が揃ったかたちになります。さて、前置きが少々長くなってしまいましたが、ここからはいよいよ授業の実践について紹介していきます。

まずは、高速道路を開発する立場にあるAさんの資料から提示していくことにしました。Sさんの資料を先に提示すると、子どもたちはますます開発に対してネガティブなイメージをもつと考えられるからです。子どもたちにはできるだけニュートラルな感覚で考えてほしいと考えていますので、資料の提示順序も私は常に意識しています。

高速道路を開発したAさんの話を丁寧に見ていくことで、まずは高速道路開発側の熱い思いが子どもたちに伝わっていきます。子どもたちは事前に航空写真（写真❶）を見せ、今自分たちが住んでいる周辺地域の姿が、開発が進みにつれてどのように変わっていったかを認識させます。そのあとで、Aさんたち開発者の思いを伝えていくようにしました。

浜之郷小学校の真横を通る高速道路（新湘南バイパス・圏央道・さがみ縦貫道路）は、長い間工事をしています。子どもたちが生まれたときからずっと工事をしていることもあり、「なんでずっとやっているんだろう？」

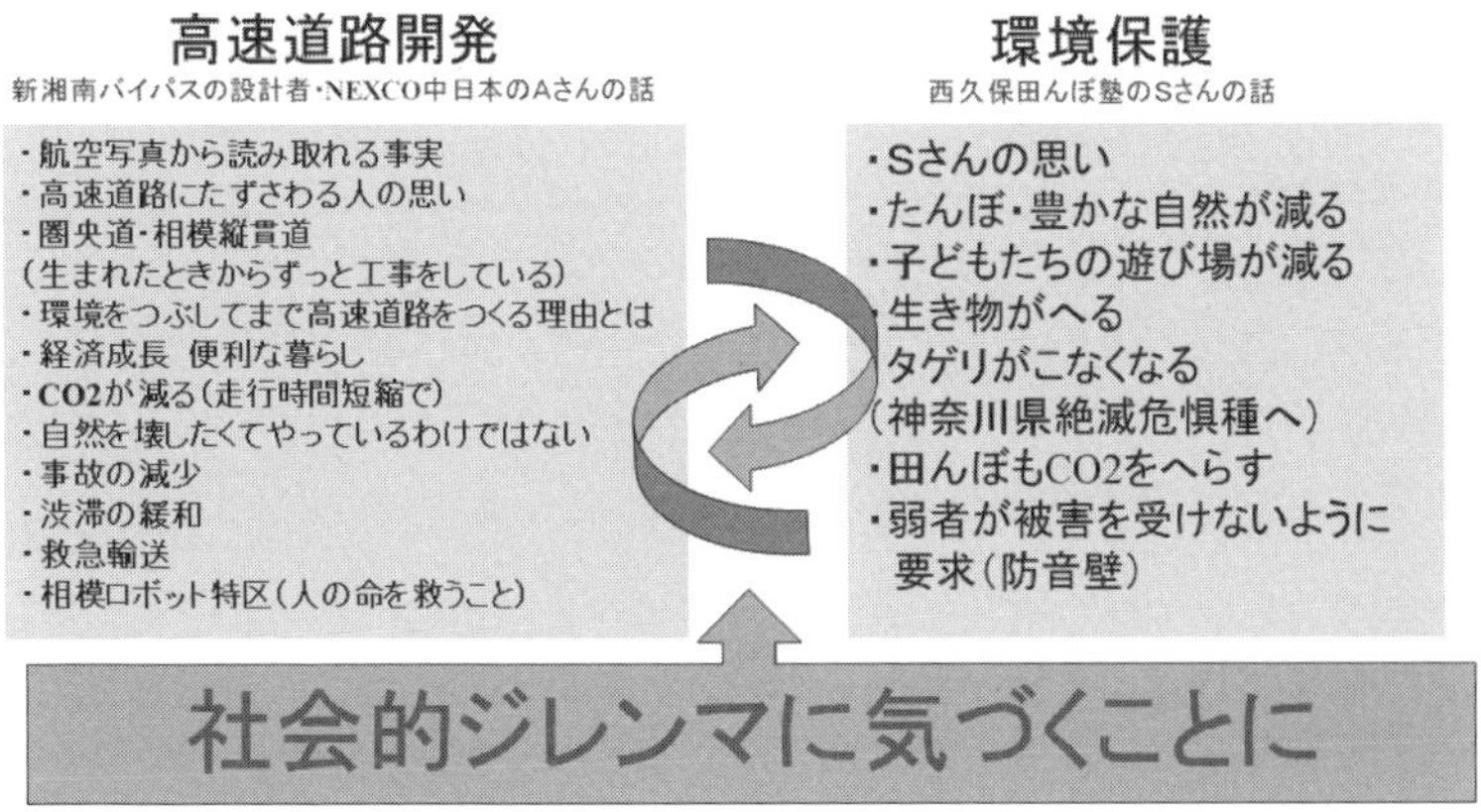

高速道路開発
新湘南バイパスの設計者・NEXCO中日本のAさんの話

・航空写真から読み取れる事実
・高速道路にたずさわる人の思い
・圏央道・相模縦貫道
(生まれたときからずっと工事をしている)
・環境をつぶしてまで高速道路をつくる理由とは
・経済成長　便利な暮らし
・CO2が減る(走行時間短縮で)
・自然を壊したくてやっているわけではない
・事故の減少
・渋滞の緩和
・救急輸送
・相模ロボット特区(人の命を救うこと)

環境保護
西久保田んぼ塾のSさんの話

・Sさんの思い
・たんぼ・豊かな自然が減る
・子どもたちの遊び場が減る
・生き物がへる
・タゲリがこなくなる
(神奈川県絶滅危惧種へ)
・田んぼもCO2をへらす
・弱者が被害を受けないように
要求(防音壁)

社会的ジレンマに気づくことに

「新湘南バイパス」実践の学び

という疑問をもっていた子も多くいました。

Aさんの話を通して、子どもたちはさまざまなことに気づきはじめます。

「環境を潰してまで高速道路つくる理由って一体なんなんだろう?」

「高速道路ができることによって経済成長や便利な暮らしにつながるのかも…」

「高速道路があれば目的地までの走行距離も短縮されるってこと?」

「ガソリン燃やしている時間も短くなるので、走る時間が短ければ短いほど、結果的にはCO$_2$削減になるんじゃない?」

「ということは、じつは環境にとってよいことなのかも…」

「当たり前だけど、開発している人たちも自然を壊したくてやっているわけないよね」

「事故が減少したり渋滞が緩和したり、救急輸送にも使われているんだもんね」

「さがみロボット特区にも圏央道・さがみ縦貫道が関係あるのかぁ」

このように、開発者側の立場から考えた意見が多くなっていました。Aさんの話をじっくり見ていた子どもたちは、目の前に提示された資料の情報に思考が引っ張られていったのが見てとれます。ほんの少し前までは、「田んぼをなくすなんて」「開発けしからん」「高速道路けしからん」と言っていた子たちも、Aさんの話を聞いたとたん「高速道路が必要だ」「高速道路のお陰で便利なんだから」というように、真逆の思考になっていました。

純粋で素直な子どもたちは、目の前の情報に引きずられ偏った思考に陥ることが多々あります。それをできるだけ避けるために、開発した側と開発の影響を受けた側の両方の思いを資料として提示することが重要となるのです。Aさんの話を聞いたあとは、今度はSさん側の環境保護に関する思いも提示することにしました。

すると子どもたちは、今度はSさんの話からさまざまなことに気づきはじめます。

「田んぼとか豊かな自然がどんどん減っているんだね」

「子どもたちの遊び場も減ってしまったんだね」

「生き物も減っていっている。かわいそう…」

「タゲリが来なくなる」

「タゲリは神奈川県では絶滅危惧種になってしまったんだね」

「田んぼの稲は植物なんだから、あればCO_2を減らせるはずなのに」

先ほどの考えが揺さぶられ、今度は開発の影響を受けたSさんの思いに心を寄せるようになっていきます。

環境保護にも力を入れていたSさんは、高速道路の建設が決まった際、反対運動をしました。しかしその努力は実らず、建設が始まってしまったといういきさつを話してくださいました。建設が決まってしまったからには、「せめて弱者が被害を受けないような工夫をしてほしい」という要求を開発側に出したそうです。住民やSさんたちの要求のおかげで、浜之郷小学校の敷地周辺や近くにある養護学校の敷地周辺、同じく近くにある病院の敷地周辺には、防音壁が設置されることになりました。この一連の流れも、子どもたちは資料から学ぶことになります。

AさんとSさん、両者の話を聞いていると、子どもたちには少しずつ迷いが見えてきます。これこそがジレンマへの気づきです。「お互いの話はわかるんだけど、じゃあどうしたらいいんだ」という、社会的ジレンマに子どもたちは遭遇することになります。子どもたちは両者の間にあるジレンマだけではなく、最初に記したような、今自分が住んでいるエリアに根付く考え方や物の見方などについても理解を深めていきます。それらが混ざり合い、また新たな葛藤も生まれます。黄色コースの子はほかのコースよりも田んぼの存在が身近なので、開発に伴い実際におじいちゃんの田んぼがとられてしまったなどの経験をしている家も多くあります。いっぽう、赤コースの子たちは豊かで便利な街をつくりたいという思いをもっている子が多く、緑コースの子の場合は高速道路があって便利だから引っ越してきたという背景があります。子どもたちそれぞれの家庭の事情も混ざり合い、思考がぐちゃぐちゃになっていく様子が見えてきます。

私の社会科の授業では、こういったジレンマに陥りそうな内容を子どもたちに投げかけることが多いのですが、それには理由があります。思いどおりにいかないこと、すっきりとした結論が出ない問題などをテーマとして扱うことで、さまざまな矛盾と葛藤に満ち溢れた社会そのものに思いを馳せ、社会のしくみについて子どもたちが気づけるようになるのではないかと考えているのです。

ジレンマを多くかかえた題材であればあるほど、子どもたちは自分が考えたことをみんなに伝えたいという気持ちを抱きやすくなります。逆に答えがわかりきっているような題材では、子どもたちからの伝えたい思いはなかなか期待できないことも多いのです。

自分の立場に置き換えて、「自分だったらこうすると思う！」「こうする必要があるんだ」と考え、それを皆に知ってほしいという空気が教室内に生まれていきます。そうするとグループ学習がよりよく機能していくのです。とにかく伝えたいという思いが沸き起こるので、「言いたい！　言いたい！」という積極的な態度が前面に出てくることがあります。しかしそうなったときは、少しトーンダウンさせるための働きかけをします。言いたい気持ちが強すぎると、今度は他者の意見を落ち着いて「聴く」ということを忘れてしまうからです。教室での話し合いでは、ここに注意が必要です。「聴き合う関係」なしでは学び合いは成立しません。

今回扱ったような「開発か？　環境保護か？」というジレンマをかかえているテーマで学習を進めていくと、子どもたちは、優先順位について考えはじめます。何を一番に考えるべきなのか。「人間なのか」「生き物なのか」「自然なのか」などと悩みはじめるのです。もちろん、大人の私たちであってもすぐに答えが出る問題ではありません。しかしそれでも、自分で考え、自分の信じる意見をまとめていく過程が、子どもたちにとってもより深い学びのきっかけになるのではないかと考えています。

開発者側のAさん、田んぼや自然を守りたいSさんという両者の話をじっくり聞いてみると、少しずつではありますが、Aさん側もSさん側もお互いの立場を思いやりながら、お互いにとってよりよい道を見つけ出そうと葛藤しつつ、問題を解決するために取り組んでいることに気づけるようになります。

情熱と情熱のあいだに～高速道路に携わる人々の思いを探ろう～ 高Q
新湘南バイパスを設計した、NEXCO 中日本 さんの話③

高速道路のメリットは前回お話ししたように、渋滞を減らすことや、行きたいところにすぐ行けること、街中への車の進入を減らすこと、地域の発展などがあります。実はほかにもメリットがあります。高速道路を作ることは地球環境にとっても良いことなのです。どういう意味だか分かりますか？たとえば、今まで北関東から皆さんの住む茅ヶ崎に行くには、１４０分かかっていたのですが、私が設計した「新湘南バイパス」や「圏央道」を利用すれば８５分で行けます。つまり５５分の短縮になります。これがどういうことかわかりますか？今まで１４０分間エンジンをかけてCO2(二酸化炭素)を含む排気ガスを車から出していました。それが今では８５分間です。つまり５５分間、排気ガスを出す時間が減ったのです。CO2 の排出を減らしていくことは地球温暖化防止にもつながります。何千台、何万台の車が５５分間 CO2 排出をしなくなると考えたら、高速道路があるメリットがわかると思います。

情熱と情熱の間に～西久保田んぼ塾 さんのお話⑤～

魚道を作るなどして、生き物がたくさん来る環境を整えた結果。

タゲリが来る数は増えましたか？

本当はそれを目指しているのですが…。タゲリが減っていることは統計上わかっていることです。県のレッドデータブックの絶滅危惧種になっています。いなくなってしまう前に田んぼを維持して、えさ場を作って、いなくならないようにという活動を続けてきたが、増えない。道路建設で田んぼが減少する中、縦貫道（圏央道）建設でさらにそれが広がってしまいました。また、高速道路がとても高架になって高くなってしまった影響もあります。空を飛ぶタゲリもそばをたくさん車が通るので危険を感じて降りてこれなくなったようです。さらにタゲリは一か所の場所にとどまるのではなく、えさ場を求めて周りを転々とする鳥です。西久保から萩園さらに寒川へと。しかし、道路建設で萩園の田んぼは埋まってしまった。寒川のほうへ行こうとすると、高い高架の高速道路が建設されて渡れなくなってしまった。行ったり来たりできる環境が遮断されてしまったのです。せっかく田んぼに生き物の環境を復元をしたが、タゲリは減る一方です。

今は何羽ぐらい来るのですか？

1年に1回か2回です。今年はまだ来ていません。去年のお正月に3羽が確認されたぐらいです。平塚の方から西久保の方に飛んでいったという情報は入っているが、今年はまだ確認できていません。

提示した2種類の資料　「Aさんの話③」（左）、「Sさんの話⑤」（右）

授業の実際

それでは、子どもたちの学びの姿にふれながら、授業の実際について紹介していこうと思います。今回は、全7時間構成のうちの5時間目の授業について紹介します。45分のなかで行った「共有の学び」と「ジャンプの学び」という形で紹介していきます。

共有の学び

まずはいつものように「いいねの交流」（前時の振り返りをしつつ、みんなの意見のよさをリレー形式で交流する活動）を行いました。その後、次の2種類の資料を子どもたちに提示しました。「新湘南バイパスの設計に携わったNEXCO中日本のAさんの話③」と「西久保田んぼ塾Sさんの話⑤」の2つです。

「Aさんの話③」では、高速道路にはCO_2を削減する効果があること、そして、高速道路は環境のことを考えてつくられていることの2点が主張されています。

いっぽう、「Sさんの話⑤」では、高速道路は環境のことを考えてつくられていることは理解しているが、実際に高速道路が建設されたことで、タゲリの姿を見かけなくなってしまったという現実が語られました。最近では、タゲリが県の絶滅危惧種となっていることも紹介されました。

これら2つの資料を参考に、「開発を優先すべきか、それとも環境保護を優先すべきか」を考えていくことから本時はスタートしました。

資料提示後に口火を切ったのはカナエでした（本章に登場する児童の名前はすべて仮名）。「うまくまとまらなくて…少し長くなっちゃうかもしれないけど…」と前置きをしたうえで、カナエは恐る恐る自分の考えを述べました。緊張している様子がこちらにまで伝わってきます。

「高速道路があるせいで、Sさんの魚道をつくった苦労とかが台無しになっちゃって…そのことを思うと『Sさん、かわいそう』ってなるんだけどね…高速道路がないと、前に勉強した自動車工場の人たちのジャストインタイムに間に合わなくなっちゃうんじゃないかなと思って…」

カナエのこの発言からは、非常に深い考察が行われたことが読み取れます。高速道路の必要性を理解しつつ、Sさんの苦労への配慮まで感じられるものでした。

Sさんは魚道をつくり、川から用水路を通って魚が田んぼに入ることができるようにしていました。高速道路建設によって故郷の鳥として愛されているタゲリが来なくなってしまったため、生き物がたくさん生息できる田んぼをつくり、餌場となる場所を用意することで鳥を再び呼び戻せるのではないかと考えたのです。この田んぼの魚道は、Sさんや故郷の自然を愛する人々の手によってつくられた、願いのこもったものでした。カナエはそういったSさんの思いを理解しつつも、以前に学んだ自動車産業の学習（本書第3章を参照）を思い出し、時間短縮に貢献する高速道路の必要性についても感じ取っていたのです。

現在、自動車製造において主流となっているジャストインタイム方式では、必要な部品を確実かつ遅れることなく届けるために、高速道路が大きな役割を果たしています。

カナエの発言を受けて、子どもたちはノートを勢いよくめくりはじめ、自動車産業の学習で使用した資料を読み直していました。

私の社会科の授業では、学びの連続性を常に意識しています。人の営みによってこの社会が形成されている以上、単元ごとにぶつ切りで学ぶのはとても不自然だと感じるからです。ですから、「あのときはこうだったね」「あの資料を確認すればわかるんじゃないかな」など、以前学んだ内容にも自由に戻りながら、積極的に考察を深めようとする姿勢を大切にしたいと考えています。そういった意味においても、先ほど紹介したカナエの発言は、以前の学習と現在の学習をつなぐ大きな意味があったように思います。子どもたちからは、さまざまなつぶやきが聞こえてきました。

「あーー！　確かにそうだったね！」

「高速道路があるおかげで、部品が間に合ってるんだった…」

「そう考えると、やっぱり高速道路は必要なのかも…」

「でも、タゲリが来ないとなると…Sさんの思いはどうなっちゃうの？」

「そうだよね…。Sさんのことを考えると…むずかしいなぁ…」

「Sさんの苦労をもっと考えてあげないといけないね…」

Sさんへの配慮も感じられるつぶやきが増えてきたこのタイミングで、今度はユウキが手を挙げました。ユウキはどんな資料であっても、すぐに信じ込まずに、一旦は批判的に読むことができる子です。

「Aさんはさ、高速道路はCO_2を減らすんだって言ってるけど、車は結局CO_2を出してるじゃん。高速道路をつくることで、そこには車がたくさん走るんだから、なんか高速道路はCO_2を減らすっていうのは、ちょっと言い訳みたいに聞こえるんだけど…」

ここでAさんの主張を改めて整理します。Aさんは、高速道路というものは目的地までの時間短縮につながるものなので、それはガソリンを燃やす時間の短縮になり、それが結果的にはCO_2の削減につながると話してくれました。しかし、ユウキはこれをそのまま受け取ることはせず、「本当にそうなのか?」という疑問を抱きました。そして、「高速道路をつくる=走る車は増える。それは結果的にCO_2削減には至らない」という彼なりの結論を導き出したのでした。

この発言をきっかけとして、教室にはさらなるつぶやきが広がっていきました。

「確かに高速道路ができてからこの辺を走る車が増えた気がする!」

「地域として考えると、車の数は増えたのかもしれない…」

「けど国全体として考えるとさ、高速道路は必要だし、それがCO_2を減らすことになるのかもしれないよね…どうなのかなぁ…」

「田んぼ、自然、生き物の住処を壊してまで高速道路をつくる必要ってあるかな?」

「Sさんの言うように、自然環境や生き物を守ることのほうが大切なのかも…」

教室の雰囲気が少しずつ変わっていきました。開発よりも環境保護を優先すべきなのではという流れに傾きかけていたのです。授業者の私も、子どもたちのつぶやきにふむふむと頷いていると、チエが少し興奮気味に口を開きました。

「私は高速道路優先派なんだけどね、生き物を守れるのも人間だし、高速道路っていうのは、さがみのロボットとかにもつながるわけ。さがみのロボットとかが進化していくと人間の命を守ってくれたりするから、まずは人間の命を守ってから生き物の命を守る。そうしていかないときりがないっていうか、何もできないと思う。だから、まずは生き物の命を守れる人間の命のほうが大切かなって…そう思ったんだけど…」

彼女なりの熱い思いを伝えてくれたことがわかりました。そこで私は、チエにこんな疑問を投げかけてみました。「つまり、さがみロボットがこの縦貫道、圏央道開設によってもっと発展していけば、人間の命を助けることにつながるってこと？　だから圏央道が必要だってこと？」と問い返すと、なんとも自信ありげにチエは頷きました。

チエの意見に少し補足してみます。私たちの地域では今回、学校横を通る「新湘南バイパス」が「さがみ縦貫道」「圏央道」と一つにつながったことによって、物流の利便性が飛躍的に向上したという背景があります。そこで神奈川県は、この高速道路周辺に医療用ロボットの研究開発に特化した「さがみロボット産業特区」を設置したのです。人の命を救うロボットを研究開発するためにこの高速道路を活用していくという考え方にチエは大きく賛同しているのです。生き物の命を守ることができるのは人間であって、その人間の生命を守るために活用されるこの高速道路は、地域にとって必要であるとチエは力説していたのでした。

チエがこれほどまでに高速道路と人の命の関係にこだわるのには、ある理由がありま す。チエは黄色コース（高速道路が身近にある地域）に建つタワーマンションに住んでいます。チエの住むマンションは高速道路の真横にあるため、部屋の窓からは高速道路がとてもよく見えます。チエは以前にこんなことを言っていました。

「高速道路ってすごいたくさん救急車が通ってるんだよね」

この発言からも読み取れるように、チエは日常的に、人命救助のために忙しく走る救急車が高速道路を活用している様子を目の当たりにしているのです。このチエの「高速道路と人の命」という視点は、授業後半の「ジャンプの学び」に大きくつながっていくのですが、ここではひとまずチエの話を聴き、ほかの子どもたちがどのような反応をするか見守ることにしました。

手元に用意してある資料と関係のある発言が出た際に、授業者としてはすぐにそれを出したくなってしまうのですが、ときには我慢も必要です。ここからまだまだ、チエの言葉につながっていく雰囲気が感じられましたので、話の広がりを子どもたちに委ねることにしました。

すると、チエの援護をするかのように、今度はダイスケが意見を述べはじめました。

「うーん…高速道路をつくってる人もさ、別に自然を壊そうとしてわざとやってるわけじゃない…Sさんとか田んぼをつくってる人は、タゲリがいなくなったとか、そういうのを詳しく知ってる…だから自然を壊されたと思う…けど。高速道路の人はさ、多分そのあたりについてあんまり詳しくない…だから、わざとタゲリが来れないようにしたわけじゃないと思う…」

ダイスケは学習における困難さをかかえている子です。また自分の思いを言語化して伝えることにも苦手意識をもっています。そんなダイスケが、一生懸命に考えを整理しながら言葉を絞り出して伝えようとしている姿は周りの子どもたちにもよい影響を与えてくれました。子どもたちはダイスケの思いを受け取ろうと、しっかり耳を傾けている光景に、教師として嬉しさを感じる瞬間でした。

そんなとき、一生懸命なダイスケの話を真剣に聴いていたトモコが、ふと何かに気づいたかのように言葉を発したのでした。

「タゲリを守ってるのも人だけど、減らしてるのも人…だよね?」

社会科では常に人の姿に着目しながら授業を進めています。世の中は人の営みの連続で形成されていると考えます。また、社会的事象の多くは人の行いに起因しますので、トモコのこの発言は、常に人を中心に考えてきた授業の実践が結果として見えてきたものだったように思います。

すると、トモコの話を聞いていたダイゴも、人という観点から話をつなげました。

「道路開発をしている人も家族を養うための仕事としてそれをやってるんだと思う。自然を壊すためにやってるんじゃない。だから、仕事として開発をしてるだけだと思う」

このダイゴの言葉は、先程のダイスケの考えを〝家族〟や〝仕事〟という視点でまとめ直したのでした。この発言は子どもたちの心に響いたようで、マトリクス上の名前マグネットの位置を変更しに動く子が多く見られました。

社会科の授業にはさまざまな側面があります。それは、〝客観的なデータを用いながら俯瞰的な立場で考えさせること〟〝社会の事象を自分ごととして切実に捉えること〟〝そして対象となる人物の思いに寄り添って考えること〟というような点があげられます。

学習の経過とともに、それらさまざまな側面に関して考えたことが折り重なり、混ざり合いながら融合していくことで、社会的実践力が身についていくと考えています。またこれらの視点の狭間にあるジレンマに気づくことや、悩みながら思考を深めていくというプロセスも、大切な学びのステップなのではないかと考えています。

私の授業ではこれらの視点をマトリクス状にまとめて、子どもたちの思考を「見える化」しながら進めることがあります。今回は全7時間の単元を通して図のようなマトリクスを設定し、子どもたちに考えの立ち位置を表明させるようにしました。

縦軸は『経済成長・便利な暮らしは必要かどうか』、横軸は『環境を壊すこと・守ることの是非』という2軸で4象限を表現しています。

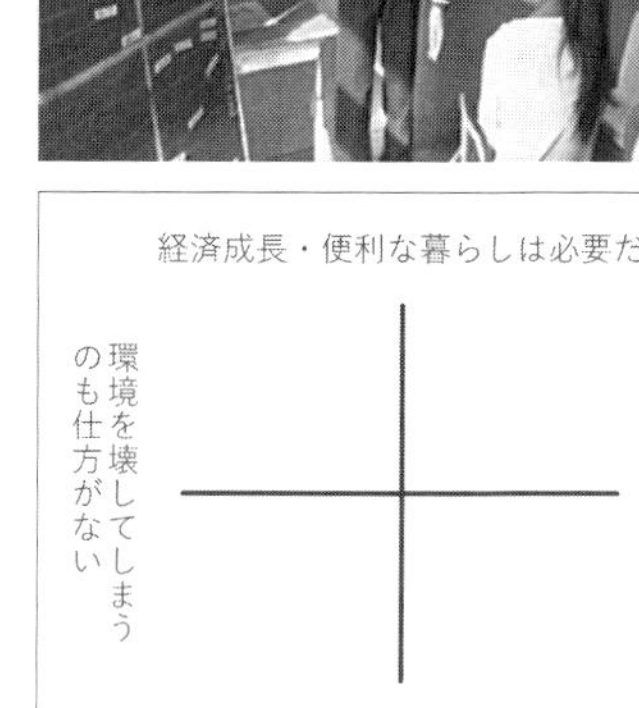

名前マグネットを使ったマトリクス

このマトリクスの上に、子どもたち自身が「今の自分の考え」と合う思考の立ち位置を選び、名前マグネットでその立場を表明していきます。名前マグネットの立ち位置変更は授業中でも構いません。いつでも自由に立ち位置を変更しながら考えを整理し、自分の考えが変化していく過程も子どもたち自身が気づけるようにしています。

ダイゴの発言によってマトリクスの右側、つまり環境を守っていくことを優先していた子どもたちが、動きはじめました。しかし、この時点ではまた、迷いを見せている子も多くいる様子です。

このタイミングでグループでの学びに切り替えることにしました。考えが変わった子は、発言したいという思いが全面に出てきます。そういった場合は、全体での学びよりもグループでじっくりと話し、じっくりと聴き合うほうが深まることが多いと感じています。また、考えに迷いを生じている子にとっても、友だちの考えをじっくり聴いたり、自分の迷いについて話したりすることで、思考が整理されるという効果もあります。

今回は約10分間、グループでの学びを行いました。それぞれのグループの話に耳を傾けていると、開発と環境保護の間のジレンマに揺さぶられている声がたくさん聞こえてきました。

「確かに開発をしている〝人〟を責めるのはおかしいんだよなぁ…」

「なんかさ、最近開発が進んでお店もいっぱいできてきた気がするよね」

「私はお店がいっぱい増えて嬉しいと思ってる。便利ってすごくいいな〜って思うもん」

「圏央道とつながるともっと地域が発展する気がする！」

「だけど、田んぼや自然を壊してまで高速道路をつくるのって、本当にいいのかな…」

「生き物の命が奪われちゃうんだよ！」

「タゲリも来なくなってしまったしね…もしかして…絶滅しちゃったのかな…」

このような社会的ジレンマをかかえる課題は、話したいという思いが出てくると同時に、友だちの考えを聴いてみたいという思いも芽生えてくるものです。このようなお互いに聴き合う関係を構築するには、教師が一方的に「相手の話をよく聴きなさい」と指導するよりも、課題そのものの魅力によって「是非とも聴いてみたい」と思わせることのほうが、聴く姿勢を育てるうえでの即効性があると考えています。そういった意味においても、社会的ジレンマをかかえる課題を扱うことは非常に有効な術であると思うのです。

さて、グループの学びを終えると、今度はユウヤが語りはじめました。

「タゲリは絶滅しかけているんだから、これ以上拡張工事を続けると本当に絶滅しちゃうよ…」

ユウヤは先程のグループでの学びの最中も、しきりに絶滅のことを気にしていました。絶滅を防ぐことができるのも人間だということを主張していたのです。そんななか、普段はめったに発言をしないサオリがおずおずと口を開きました。

学び合いの授業をしているとよく感じることがあります。それは、普段なかなか発言しない子が発言しようとしたときに、クラス全体が一気に聴くことに集中するモードに切り替わることなのです。今回もサオリが何かを言おうとしている雰囲気を察知し、クラス全員がサオリの言葉を聞き逃すまいと、静かに聴く姿勢に入りました。

「えっと…パインの…」

クラス全体が一瞬「?」に包み込まれました。授業者である私自身も、何のことを言おうとしているのか一瞬戸惑いましたが、サオリが見ているノートが1冊目であることに気づき、何を言わんとしているのかがわかりました。

社会科では学びの連続性を意識しているので、ノートは1冊目、2冊目、3冊目…と次々に合体していくように工夫しています。春に1冊目をスタートさせたノートが冬には5冊目、6冊目となっており、まるで国語辞典のような分厚さになっていきます。

サオリはそんなノートの1冊目のあたりを開いていたので、ピンときました。「もしかして八重山パインのこと?」と問い返すと、サオリは安心したように頷きました。

「え? 八重山パイン?」

「めっちゃ前じゃん!」

「突然どうしたの?」

教室からはつぶやきとともに、ノートをめくり返す音が教室中に響きわたりました。

八重山パインが登場したのは、全員が4月に「暖かい地域の暮らし」で学習した八重山パインづくりの資料です。そこに立ち戻ったのを確認してから、サオリはこのように言葉を続けました。

「八重山パインをつくるHさんとかIさん、Tさんとかの苦労を考えると…、農家の人の苦労を考えると…やっぱり田んぼは守るべきだって思う」

サオリは農家の人々が作物を育てていくうえで、たゆまぬ努力を重ね、苦労を乗り越えて収穫している事実を振り返っていました。そして、現在学習している茅ヶ崎の高速道路開発と農業の関係から、沖縄の八重山のことを思い出したのです。農家の人々から田んぼを奪うということは、一体何を意味するのかという点に注目し、全体に向けて改めて問い直していたのです。授業冒頭のカナエの発言と同様に、ここでも既習事項とのつながりが現れました。

このサオリの発言に影響を受けてか、こちらもまた普段は発言することが少ないケンイチが口を開きました。ケンイチは頭のなかではさまざまなことを考えているタイプなのですが、それを言葉や文章にすることが非常に苦手な子です。ですが、どの子の意見も認め合うという教室の雰囲気が整ってさえいれば、ケンイチのように発言が苦手な子も、積極的に手を挙げて発言できるようになります。ケンイチなりにがんばって、必死に何かを伝えようとしていました。

「どっちも必要…どっちもCO_2を減らす…時間短縮…田んぼは植物…」

このようなたどたどしい言葉でしたが、教室のみんなには完璧に、ケンイチが言わんとすることが伝わっていました。

「わぁ〜ケンイチすげぇな!」

「高速道路は走行時間短縮効果でCO_2が減って、田んぼは稲が植物だから、CO_2を吸うってことだよね！」

「両立できれば一番いいってことだよね！」

ケンイチを称賛する声が溢れ、ケンイチも誇らしげに頷いていました。

実際の問題として捉えると、開発と環境保護は対立関係となるような構造があります。そのため、両立という視点に関しては、多くの子がむずかしさを感じている様子も見受けられました。ここまでの段階で名前マグネットを動かす子も多くいましたが、よく見るとある特徴が見えてきました。

マトリクスの上半分に貼っている子。つまり開発によって経済成長や街が便利になっていくことを願う子の多くが赤コースに住んでいるという子だったのです。また、マトリクスの右下、つまり経済成長や便利な暮らしよりも環境保護を優先すべきだと考えている子の多くが、黄色コースに住んでいるという特徴がありました。やはり高速道路の近くである黄色コースの子ほど、自然や田んぼがどんどん失われていくことを心配しているようです。これとは反対に、高速道路から少し離れた赤コースに住んでいる子は、高速道路の開発に伴う地域の発展を嬉しく感じているようでした。

この段階では割合として、開発よりも環境保護を優先すべきという子のほうが多数派でした。そこで「ジャンプの学び」として、人命に関わる資料を提示してみることにしました。

ジャンプの学び

ジャンプの資料としては、「Aさんの話④」を提示しました。この資料では、高速道路は人命救助に大きく関わっているということが語られています。

具体的にいうと、圏央道にはドクターヘリを着陸させることができ、それによって救われる命があるということです。この高速道路があることによって、救命救急病院までの搬送時間が短縮されることなども語られています。また、「30分の壁」（事故などで多量の出血をした場合、30分以内に救命救急センターに運ばなければ死亡する確率が非常に高くなる）というインパクトのある事実とともに、私たちの住む茅ヶ崎地区から最も近い救命救急病院である北里大学病院に緊急搬送される際にも、圏央道が大きな役割を果たしていることが紹介されています。

授業では実際にインターネットの道路検索のサイトを使って、浜之郷小学校で誰かが大けがをして多量の出血をしてしまった場合、一番近い救命センターである北里大学病院までどのくらいで搬送できるのかを調べてみました。

情熱と情熱のあいだに～高速道路に携わる人々の思いを探ろう～ 高R
新湘南バイパスを設計した、NEXCO中日本　　さんの話④

高速道路は「人の命を救う道」とも言えます。どういうことかわかりますか？実は日本の高速道路にはドクターヘリを着陸させることができるのです。圏央道でもドクターヘリの着陸訓練がすでに行われています。高速道路で事故が起きたときは直接ドクターヘリで運ぶことができます。また高速道路でない場所で命に関わる事故があった場合も、救急車で高速道路まで来てもらって、そこからドクターヘリで運べばスムーズに救命救急センターまで運べます。また皆さんは「３０分の壁」を知っていますか？事故などで多量の出血をした場合、３０分以内に救命救急センターに運ばなければ死亡する確率が非常に高くなるのです。しかし圏央道が開通したことで、救命救急センターである北里大学病院までの時間がかなり短縮されました。３０分以内に運ぶことができる地域が増えたのです。ですので、高速道路は「人の命を救う道」とも言えるのです。

まずは、高速道路を使わず下道で行った場合、どれほどの時間がかかるのかを検索しました。その結果39分かかるということがわかりました（写真❼上）。

子どもたちからはなんとも言えぬ低いトーンのつぶやきが聞こえました。

「うわー、結構かかるなぁー」

「これだと30分の壁に引っかかってしまうよ」

「助からないかもしれない…」

もちろんこの検索結果は自家用車で走行した場合ですので、実際は救急車で赤信号も関係なく搬送すればもう少し時間は短縮されますが、子どもたちにとってはこの39分という結果は、もう命が助からない時間として受け止められたようでした。

つぎに、今まさに学習している高速道路に目を向けました。現在拡張工事が進められている圏央道を通った場合はどうか、同じサイトで検索してみます。子どもたちは、ドキドキした様子で食い入るように画面を見つめていました。検索ボタンを押すとすぐさま結果が表示されます。そこには「20分」という結果が出ました（写真❼下）。この瞬間「おー！」「すごーい！」「19分も短縮」などの歓声が聞こえてきました。よほど感激したのか、拍手をしだす子までいました。

私たちの住む地域に建設される高速道路には、地域の経済を豊かにし、便利な街へと発展させると同時に、緊急時の人命救助にも一役買っているということがわかった瞬間でした。いっぽうで、〝その高速道路は田んぼや自然を壊しながら建設されているということ〟加えて、地域に愛され親しまれていたタゲリという鳥が、開発以降、飛来しなくなってしまったという事実〟もわかった。人命を強調する新たな資料を提示したことに

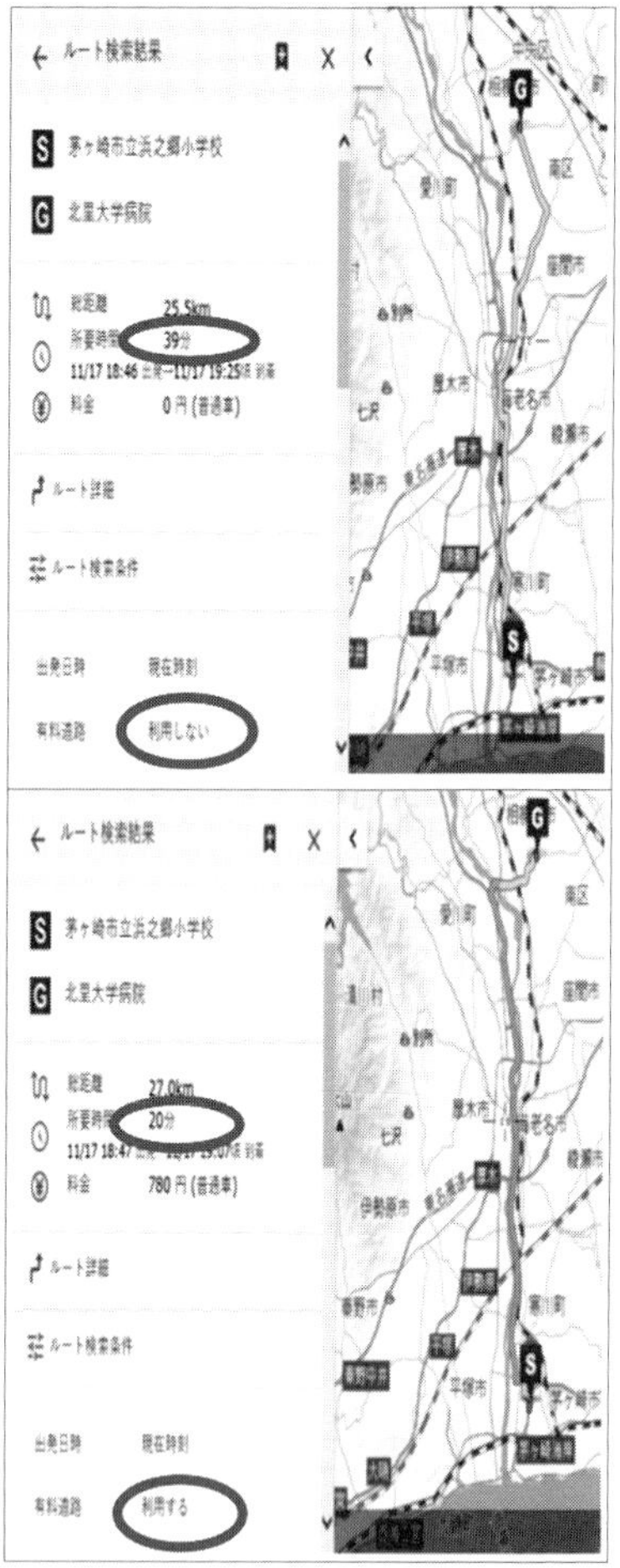

写真❼　北里大学病院までの搬送時間

よって、子どもたちの抱くジレンマは一層複雑化していきました。

するとダイスケは「あーもうわかんないや！　むずかしいもん！」と頭をかかえました。ほかの子どもたちも頭がこんがらがっているような表情を見せています。

このタイミングでもう一度グループの学びに戻しました。

「そっかぁー…人の命かぁ…」

「でも、自然や田んぼを壊して高速を建設することで、生き物の命も犠牲になってるよ」

「人の命と生き物の命…比べたらあれだけど…やっぱ人の命のほうが大切なのかな…」

「でもなぁ…簡単に比べられるものじゃないよね…」

子どもたちは新たなジレンマについて真剣に語り合っていました。

これまでは、高速道路開発か環境保護かというジレンマを話し合っていたわけですが、今回は少し視点を変えて、人間の命か生き物の命かという新たなジレンマに向き合っています。

答えがすぐに見つかるような題材ではありませんが、こういった答えのない課題に対して、学級全体やグループで向き合って学んでいくことは、大きな意味があると考えています。答えがないということは、間違えもありません。ですから、発言することに自信がもてない子にとって、一つの安心材料にもなり得るのだと感じています。

自信のない子は「間違えていたらどうしよう…」「誤答を言って恥をかきたくないな…」などの不安を常に抱いています。しかし、正解のない問題を考えるということは、間違えることもない。この安心感が、子どもの心を育てます。

自信をもって自己の思いを表現できる子どもに育てるという意味でも、このような答えのない課題というのは大きな効果があるのではないでしょうか。

今回の実践では、子どもたちの座席配置についても工夫をしてみました。テストなどの時間以外、私のクラスではどの授業においても、基本的に4人グループで席をくっつけて座らせています。社会科で今回の単元を学習している期間は、一つのグループに赤コース、黄色コース、緑コースそれぞれの子が必ず混ざるように、座席配置を工夫しました。

グループで学び合ううえでは、自分がおかれている家庭環境や地域的な環境というものを突き合わせて、深い話し合いができるようにする必要があります。そうすることで、自分以外の立場や環境にある友だちの考えを受け止め、しっかり聴こうとする姿勢を育てることができます。

授業の終盤、子どもたちはこのような答えのない課題に対して、ベストはないがベターは存在するのではないかということに気づきはじめていました。そしてそのベターな道を探ろうとする姿勢も見えてきました。

イッペイからは「さっきサオリが言ってた八重山パインのHさんたちにとっても、高速道路があれば新鮮な状態で作物を届けることができる思う。Sさんたち地元の農家の人たちにも同じことが言えると思うんだけど」という、高速道路の開発のなかから農家の人々へのメリットを探ろうとしている発言が生まれました。

カナエは「自然環境に配慮した開発も進めることができる時代だと思う」と話し、開発と環境保護の両立を探りはじめている様子でした。そんななかマサミが現在も拡張工事が進む圏央道の開発に対して、一旦立ち止まる必要があるという考えを述べはじめました。

「私は今のままで十分だと思う。高速道路はもうあるし、今でも十分便利な世の中だし、生活があるし。ジャストインタイムにも結局高速道路があるから間に合ってるわけだし、サービスエリアの人もちゃんと働けてる。もう今の経済のままで大丈夫だと思う。ここで止めておくべきなんじゃないかなって思う。もうできちゃった部分は仕方ないと思うけど、これ以上広げる必要はないんじゃないかな…やりすぎも違うっていうか…」

ここで45分の授業が終了しました。子どもたちは答えが出ぬまま、モヤモヤとした気持ちをかかえて帰宅していきました。しかしこのモヤモヤが、子どもたちの探究する意欲をさらに突き上げることとなったのです。私たちの地域で進められている高速道路開発の意味を自ら進んで調べはじめる子がたくさん出てきました。

チエのおじいちゃんはトンネル工事の仕事をしています。そのおじいちゃんの家に行って取材をしてきたことを教えてくれました。「道路はなんのためにつくっているのか」というレポート資料を作成し、クラスのみんなに配付したのです。この資料が非常によくできていたので、これをもとに授業を1時間したほどでした。

アカリは、工事中の高速道路の高架下に設置されている看板に目をつけました。そこには〝国土交通省〟という名称とともに電話番号が記されています。なんとアカリは、国土交通省に直接電話をして取材をしてきたのでした。アカリもまたチエと同じように、電話取材したことを資料として配付してくれました。この資料を授業で使ってくれと猛アピールしてきたのが愉快でした。当然ありがたく授業で使用しましたが、どの子も活き活きとしている様子が印象的でした。自分もクラスの学びに貢献しようと、さまざまなことを調べてくるようになったのです。

サトルは学校帰りに大胆な行動に出ました。なんと、高速道路の側道工事をしている人に突撃インタビュー

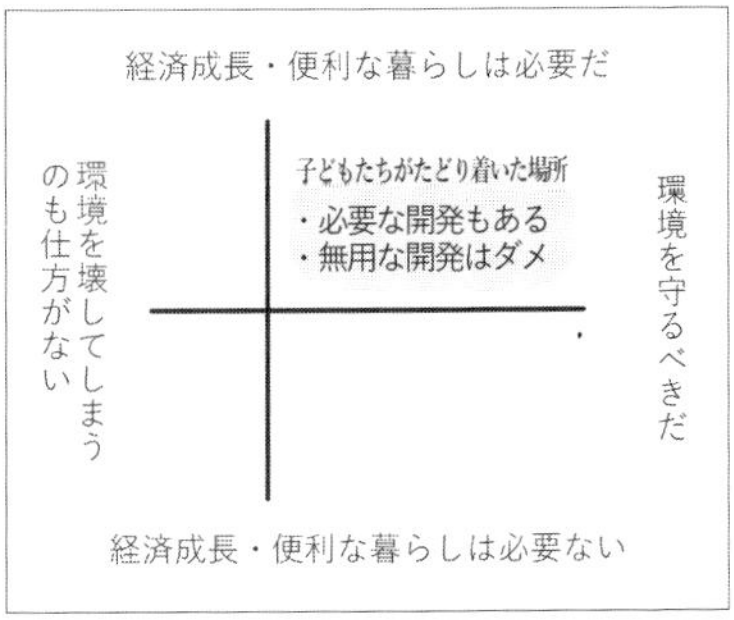

経済成長・便利な暮らしは必要だ
環境を守るべきだ
子どもたちがたどり着いた場所
・必要な開発もある
・無用な開発はダメ
環境を壊してしまうのも仕方がない
経済成長・便利な暮らしは必要ない

してきたのでした。

ダイスケは神奈川県知事の行動の矛盾を指摘しました。県知事は環境保護を推奨し、Ｓさんなどの環境保全家に賞を授与している経緯があります。その一方で、高速道路開発を支援する動きを見せていることが、さがみロボット産業特区の学習で見えてきたのです。ダイスケは環境保護を推奨しながら、高速道路開発を支援するとは一体どういうことなのかという矛盾を指摘したのです。

地域の発展や経済成長を進めるものであり、人命救助にも一役買っている高速道路の開発を進めるべきか。それともそれらによって犠牲になる自然環境や生き物の命を守っていくべきか。子どもたちは、どちらにも振り切れない微妙なところに身をおきつつも、未来志向で考えられるように切り替わっていきました。

今回のテーマは答えが簡単に見つかるものではありません。子どもたちが最終的に行きついたのは、マトリクスの右上のゾーンでした。必要な開発もあるけれども、無用な開発はダメだ、という意見が右上のゾーンになります。クラスの大多数の子どもたちが名前マグネットをこの場所に貼りつけました。とはいえ、右上ではないゾーンにとどまる子たちも当然います。学び合いの授業のよいところは、そのような少数派の考えの子たちを決して否定しないところにあります。いろんな考え方があるからこそ、これからも問い続けていかなければならないということを子どもたち自身が感じることができているように思えました。

社会科では「人を学ぶ」ということを大切にしながら授業を進めています。今回の単元は高速道路開発にたずさわるＡさん、環境保護を訴えるＳさん、この両者の思いを中心授業を展開させていきました。両者の主張のエビデンスとなるような資料を提示しながら、授業を進めていきました。

「高速道路開発に取り組む情熱」「環境保護に取り組む情熱」。お互い立場は違っても、「情熱」をもって取り組む人の姿を学習した単元となったのでした。本単元では、7時間を貫くタイトルとして「情熱と情熱の間に」というものを設定しています。どこかで聴いたことがあるような題名ですが、一見対立しているように見える人々が、どちらもそれぞれに情熱をもって取り組んでいるということ、それゆえに生じてしまう葛藤がある。まさに、感情と感情の狭間にジレンマが生じています。その狭間をどのようにくみ取り、子どもたちが考えを深めていけるのかということを、全体の大きな学びのデザインとして設定しました。

最後には未来志向として、これからも答えのでない課題を問い続ける子どもたちの姿が少しずつ見られるようになりました。

今回の実践は、私にとっても非常に思い出深い単元となりました。

第2章　学びの深まりと広がりをデザインする

子どもたちが夢中になって学んでいる授業は、深まりとともに広がりや膨らみも発生していきます。学べば学ぶほど、さらなる探究対象が派生して生まれていくことがよくあります。本章では主軸であるメインの学びを行いつつ、そこから派生した複線的な学びや、メインの学びを支える補助的な内容の学びを「スピンオフの学び」として取り扱い、実践したものを紹介します。

「ダムの学習〜宮ケ瀬ダムを通して〜」（4年生）

今回は4年生「暮らしと水」という大単元のなかのダムについての学習を紹介します。子どもたちは9月に首都圏最大の水がめである宮ケ瀬ダムに見学に行きました。子どもたちは宮ケ瀬ダムのスケールの大きさや、観光放流の迫力に圧倒され、「日本の技術ってすごいね」「発電ができるなんてダムのパワーってこんなに強いんだね」など、ある意味純粋で率直な感想をもって帰ってきました。

以下は、単元全体の大きな流れです。

共有の学び

共有のレベルとしては、教科書やダム見学の際に受けたレクチャー、いただいたパンフレットなどをもとにダムの機能や役割などを学んでいきました。また、後日私が宮ヶ瀬ダム水とエネルギー館（以下、ダム館）の館長Mさんにインタビュー取材を行ったのですが、その映像も資料として織り交ぜながら、ダムの必要性について深めていきました。子どもたちは「宮ケ瀬ダムのおかげで、茅ケ崎に住む私たちも、安定して水を得ることができるんだね」「洪水などの対策にもダムが役立っているんだね」など、ダムの恩恵をありがたく感じている様子でした。

このタイミングで「ジャンプの学び」へと移行していくようにしました。この単元では二つのジャンプの学びを設定しました。

ジャンプの学び

①水没住民の思いにふれる

子どもたちは、共有のレベルでダムの機能や必要性を学びました。その一方でダム建設によって故郷を奪われた人々がいるという事実を提示しました。さらに、より自分事として切実に考えさせるために、水没住民の一人でもある宮ケ瀬出身のOさんにインタビュー取材を行い、その様子をビデオで撮影し教材としました。先祖代々の土地を奪われる思いや、幼少期から思春期にかけて人格形成において重要な時期を過ごした故郷がダムに沈むという悲しみ、自分が育った村が地図上から消えるという辛さなどを語っていただきました。ダムの恩恵をありがたく感じていた子どもたちに、このOさんの言葉がどのように響くか、そしてどのように認識をジャンプさせるのかを図ってみる試みとしました。

ジャンプの学び

②補償の手厚さを知る

宮ケ瀬ダムは建設に対して、日本各地で起きているような強大な反対運動は起こらなかったといいます。それは当時、日本トップレベルの補償の手厚さがあったからだといいます。この事実を印刷物の資料として提示するのではなく、ダム関係者の人の話を通して示すことで、より切実さが増すのではないかと考えました。そこで、現在、ダム館で館長をしているMさんに取材を行い、子どもたちにビデオメッセージとして語っていただきました。取材を通してわかったことは、金銭面での補償、代替地の補償、移転後の職業の補償、さらに代替地は駅からほど近く、交通の利便性が宮ケ瀬に比べてはるかに高いという立地条件など、かなり手厚いものであったということです。子どもたちは、Oさんの悲しみにふれ、「村が沈んでしまうのはかわいそう」「自分ならダム建設に賛成できないかも」など思いが揺れ動くなか、補償というある意味ドライな資料を示すことで、さらなる認識のジャンプを図ってみることとしました。

それでは授業の実際を子どもたちの学びを通して紹介したいと思います。

共有の学び

共有レベルとしては、ダムの機能や役割、必要性を考えていきました。まずは、数日前に行った宮ヶ瀬ダム見学で感じたことを出し合うところから始めました。

まず口火を切ったのはコウタです（本章に登場する児童の名前はすべて仮名）。コウタは「放流の迫力がすごかったね」とみんなに投げかけました。宮ヶ瀬ダムでは見学者向けに定期的にダムの放流を見せてくれるのですが、コウタはその放流を見ることを見学前から楽しみにしていた一人です。カオリも興奮したように「勢い

がすごかった！」と続きました。ケンジは「音の迫力が忘れられない」と言い、ユミは「放流直後、涼しく感じた。気温が下がったみたい」など、どの子もやや興奮気味にダム見学を振り返っていました。子どもたちが興奮するのも無理はありません。大人である私たちも宮ヶ瀬ダムの放流を見ると圧倒されます。高さ70メートルから毎秒30トンの水が一気に放出されるのですから。子どもたちの振り返りのほとんどがそのダイナミックさにふれるものでした。

ここで、ダムの迫力ばかりに視点が向いたので、今一度ダムの機能や役割、必要性に目を向けさせるため、準備しておいた資料を提示していきました。Mさんにインタビュー取材したものを映像資料として子どもたちに見せました。また同時にその内容を文字起こしし、紙媒体の資料としても子どもたちに配付しながら展開していきました。

映像資料は、前述のとおり取材を行って映像資料をつくるときには必ず入れてもらうフレーズ「4年1組の皆さん、こんにちは」というMさんのあいさつから始まります。ちょっとしたこのフレーズですが、これがあるのとないのとでは子どもたちの学びへのスイッチの入り方が大きく違ってくるのです。

Mさんのインタビューでは、ダムの機能や役割として主に四つのことを語っていただきました。①洪水を防ぐこと、②川の流れの調節、③水道水の確保、④発電、これら四つの機能や役割についてMさんが詳しく、そしてわかりやすく子ども立ちに向けて語ってくれました。副読本やパンフレットにも同じような内容は記載されているのですが、そういった素材では学びへのスイッチが入りにくい子もいます。ダム館の館長であるMさんが子どもたちに向けて直接語ることで、〝わざわざ自分たちのために話をしてくれている〟という意識が働きます。そのことによって学びへの意欲が一気に高まっていったように感じました。

Mさんの話を受け、子どもたちはさまざまなことを考えはじめました。教室内には子どもたちのつぶやきの声がたくさん出てきました。ここでグループでの学びに戻したのですが、先程まではダムの放流の迫力のことばかりに視点があった子どもたちも、ダムがどうして必要なのかということに少しずつ気づいていく様子が見受けられました。授業の冒頭で、やや興奮気味に放流の迫力について語っていたコウタも、Mさんの話を聞いて「普段当たり前のように水道水を使っていたけど、これもダムのおかげなんだね」としんみりと語っていました。リョウは「コウタにつながるんだけど、茅ヶ崎と宮ヶ瀬は少し距離が離れているけど、僕たち茅ヶ崎の人が水道水を利用できるのも宮ヶ瀬ダムのおかげなんだよね」と続けました。このリョウの発言は子どもたちに、ダムの恩恵やダムへの感謝という新しい視点をもたせたようでした。子どもたちからは「ダムを建設してくれた人や、ダムで働いている人への感謝も必要だと思う」「長い期間建設していたと思うと、作業員さんたちの苦労や努力にも感謝」「僕たちのためにありがたい」などの言葉が次々に出てきました。ショウコがまとめるように「水に関わるすべての人に感謝だね」と発言すると、口々に「浄水場の人たちにも」「水道局の人たちにも」などとこれまでの水の学習の資料に立ち返りながら発言がつながっていきました。そんななか、サエが「水に関わるすべての人に感謝ということは、ダム建設のために立ち退いてくれた人にも感謝しないと

いけないのかも…」とつぶやいたのです。このサエの発言はのちに「ジャンプの学び」として大きく発展していくのですが、この時点では数人の子が「うんうん」とうなずいているだけで、ほとんどの子が、水没住民のことについてそれほど深くは考えてはいない様子でした。とにかく自分たちに水を与えてくれるダムへの感謝という気持ちが全面に出ていました。授業者の私も、この段階ではまだ水没住民のことにはあまりふれず、サエの発言に対して「なるほど」という一言にとどめておきました。

次の時間も、子どもたちのダムへの感謝は止まりません。もしかするとMさんのやさしい語り口調も影響しているのかもしれません。冒頭10分ほどグループで語り合う時間を設けましたが、やはり口々にダムのすばらしさを語っているのです。

全体交流に戻すと、サトミが資料の「洪水を防ぐ機能」にふれながら、「大雨のときダムが街を守ってくれる」と発言しました。

ここで追加資料として、宮ヶ瀬ダムができる以前は、茅ヶ崎の街や私たちの学区周辺も川が溢れ、たびたび洪水になっていた資料を写真とともに提示しました。

この資料を受けてシュウタは「今、大雨が降っても洪水にならないのは宮ヶ瀬ダムのおかげなんだ」と感動した表情を見せました。このシュウタの発言を聞いてナツミが「ダムが私たちの命を守ってくれていると言えるのかもね」とつなげると、さらにコウキが「だから僕たちは安心して生活していけるのかも」とダムへの感謝の思いがどんどんと広がっていくのでした。

ナミは資料の「川の流れの調整機能」にふれながら、「夏に川の水が干上がらないようにして、魚の命も助けている」と言い、さらに「発電の機能」にふれながら「ダムが私たちの暮らしも支えている」とやや興奮気味に全体に投げかけると、ついにはノリコの口から「ダムはヒーロだね！」という発言まで飛び出しました。

ここまでの子どもたちの学びは、授業者の私としてはシメシメといった感じです。まずは「共有の学び」においてしっかりとダムの機能や役割、その必要性を理解させ、さらには子どもたちがダムの恩恵や、それに対する感謝の念までもつことができれば、今後展開するジャンプの学びが一層深まると考えられるからです。子どもたちにとってありがたい存在のダム、ヒーローであるダムですが、その建設の背景にある「水没住民の思い」にふれていくことで、子どもたちの思考は揺さぶられると同時に、この単元の学びに対してさらに関心を高めていくのです。

ジャンプの学び　①水没住民の思いにふれる

ダムの機能や役割、必要性を十分に感じ、感謝の念を大きく膨らませることができたこのタイミングで、1つ目の「ジャンプの学び」へと入っていくことにしました。

この日の授業ではまず、先日のサエの発言を取り上げることから始めました。サエは「共有の学び」の段階ですでに、「水に関わるすべての人に感謝ということはさ、ダム建設のために立ち退いてくれた人たちにもたくさん感謝しないといけないのかもね」とつぶやいていました。

このサエの言葉が何を意味するのかを、クラスみんなで考えていくことにしました。普段はおとなしく物静かなサエですが、学びの核をつくような発言ができる一面があります。

授業開始前の休み時間に、「今日は前回のサエの考えについてみんなで考えていくからね」と伝えました。するとサエもやや照れくさそうに自分の考えを話してくれました。

「だってさ、もともと住んでいた人がいるわけじゃん。その人たちが立ち退いてくれたおかげでダムができたわけだし。その人たちのおかげで、私たちも毎日水を利用することができるわけだし。やっぱりちゃんと感謝しないといけないと思うんだよね」

ここでは、水没住民の一人でもある宮ケ瀬出身のOさんにインタビュー取材を行った様子を映像教材として提示しました。子どもたちにインタビュー映像を見せると同時に、その内容を文字起こしした紙媒体の資料も配付しながら学びを展開していきました。映像の冒頭ではもちろん「浜之郷小学校4年1組のみなさん、こんにちは」という言葉を入れてもらいました。「共有の学び」においてはダム館の館長Mさんにも同じ言葉を入れてもらいましたが、子どもたちに向けて水没住民のOさんにもこの一言を入れていただいたことで、住んでいた場所が水没してしまうということを、自分事として切実に考えようとするスイッチを入れることができました。

資料映像はOさんが「私は宮ヶ瀬ダム水没住民のOと言います」と子どもたちに語りかけ、その後、水没住民としてのさまざまな思いを話していくという内容でした。

映像を通して子どもたちは、以下のようなOさんの思いを知ることになります。

○先祖代々の土地を奪われることへの複雑な想いや無念さ
○幼少期から思春期を過ごした場所がなくなることの寂しさ
○人格形成において重要な時期を過ごした故郷がダムの底に沈むという悲しみ
○自分が育った村が地図上から消えてしまうことについての喪失感や辛さ
ダムの恩恵をありがたく感じていた子どもたちに、このOさんの言葉や想いがどのように響いていくのか。

そしてどのように認識がジャンプしていくのかをじっくり観察したいと思いました。

まずはグループでの学びに戻してから、Oさんの話を受けて感じたことや考えたことを交流しあう時間を10分ほど取りました。

Oさんの話を聞く前は、ダムの必要性についてやや興奮気味に語っていた子どもたちも、その背景に犠牲になった人々がいたことや、その人たちの思いを突きつけられたことにより、困惑しながら話し合いをしているようでした。まさに思考と感情が揺さぶられている状態でした。

つぎは、全体交流です。ここでまず口火を切ったのはノリコでした。「この前、ダムはヒーローだって言っちゃったんだけどね、こんな悲しい思いをしている人がいるなんて知らなかった…」と小さな声で語り、複雑な表情を見せました。ノリコは普段から人一倍感受性が強い子なので、今回のOさんの思いを知り、ヒーロー発言をしてしまったことを悔いているようにも見受けられました。そんなノリコの表情を見て、隣の席のリョウスケがフォローするように言いました。

「でもさ、ダムがヒーローなのは間違えないと思うよ。僕たちは毎日水を利用することができているし、大雨が降っても洪水にならないし…。助けてくれているんだからやっぱりヒーローなんだよ」

リョウスケの言葉を聞いたノリコの表情からは、緊張が解けていく様子がうかがえました。この二人のやりとりを見て、日常的にグループ学習を取り入れることによって生まれる「ケアの関係」のよさを感じることができました。日頃からケアしあえる関係性を築けているリョウスケとノリコのつながりのすばらしさも感じることができました。

その後も子どもたちからは困惑した発言が次々と飛び出してきました。

「水没住民っていう言い方がすごく残酷だと思うんだよね」

「Oさんの声や表情がなんか悲しそうだった…辛いな」

「地図から消えるっていうことは存在しなくなるっていうこと。悲しすぎるよね」

「立ち退きっていうのは、ただの引っ越しとは違うと思う」

「家を失うだけではないと思う。思い出まで一緒に失うってことかも…」

「一度沈んでしまうと二度と取り戻せない…」

「耐えられないよね、こんなの…」

「Oさんたちが本当にかわいそう…ひどいよ…」

どの発言も、Oさんの思いを切実に受け止めたことで生み出されたものでした。子どもたちの深い学びを感じることができた瞬間でもありました。

そんななか、カイリがこんなことを言い出しました。

「Oさんみたいな悲しい思いをする人がいるんだったら、ダムなんて必要ないかも」

このカイリの発言が、子どもたちの視点を変えていきます。ダムの必要性を改めて考えようとする流れが生まれ、ショウコは「ダムは必要だと思うんだけど、自分が宮ヶ瀬の住民だったら別の場所につくってくれって言ってしまうと思う」と葛藤の表情を浮かべながら話しはじめました。

ショウコの発言を受けて、普段は大人しくあまり発言をしないアイコが「ダムの四つの機能を考えるとやっぱり必要だと思うんだよね。だって、ダムがあることで多くの人が助かるし…でもさ…」と、途中で言葉をつ

まらせながらも一生懸命に自分の考えを話そうとしてくれました。発言せずにはいられなかったアイコの様子を見て、Oさんの話を聞いて心が大きく動かされたことを感じられました。

さまざまな考えが出てきたので、「ダムは本当に必要か」ということについてもう一度話し合うことにしました。ここからは再びグループでの学びです。全体での学びが混沌としたとき、私はよくグループ学習に戻すようにしています。

グループ学習のよい点は、これまでの学びや気づきを、子どもたち自身で整理できることでもあると考えています。全体の交流で得られた学びがグループに戻ったとき、そこからさらに深い学びへとつながっていくように感じています。

グループの話に耳を澄ましてみると、あちらこちらのグループから「仕方がない」という言葉が頻繁に出ていることに気づきました。ここで一度全体に戻し、「仕方がない」とはどういうことかと問うことにしました。するとコウジが「本当は引っ越したくなかったけど、みんなのために〝仕方なく〟引っ越したと思ったんだ」と話すと、アスカは「県民のために仕方なく決断したんだと思う…」と小さな声でつぶやきました。続けてナオも「ダムがないと多くの人が困るから…Oさんたちにはすごくわるいけど…」と申し訳なさそうな表情を浮かべながらつぶやきました。

子どもたちは、一部の人たちの犠牲によって、多くの人々が幸福を得る世の中のしくみに疑問と葛藤を抱きはじめていました。この葛藤を抱かせることこそが、今回の「ジャンプの学び」①の最大のねらいでもありました。

世の中にはこのような構造の事象がたくさん存在しています。社会科の教科目標は公民的な資質・能力を育成することです。そのためにはまず世の中を見る目を養い、気づきの感度を上げていく必要があります。今回のダムの学習を通して、社会の矛盾に気づき、そこで生まれる葛藤から目を背けずに、課題や問題を切実に受け止めることで、より深い学びになるのではないかと考えました。

この日の授業の終盤に、新たな流れが生まれました。トモヤが憤りを見せながらこう言ったのです。

「いくらみんなのため、県民のためといったって、無条件で犠牲になるなんて！　俺は絶対に納得できない！　こんなの間違ってる！」。

このトモヤの言葉が、次の「ジャンプの学び」への架け橋となったのでした。

ジャンプの学び　②補償の手厚さを知る

トモヤの「無条件で犠牲になるなんて納得できない」という意見を受けて、補償について考えていく「ジャンプの学び」に移行しました。しかし資料の出し方には工夫が必要です。唐突に補償についての資料を出しても、子どもたちはピンとこないかもしれません。「ふうん」「そうなんだ」で終わらせないために、子どもたちの言葉をうまく使いながら、補償問題への視点を広げていけないものかと考えていたとき、以前の授業でアキラがつぶやいていた言葉を思い出しました。アキラは宮ヶ瀬ダムに関する簡易年表を見ながら「18年もの間、何をしていたのだろう？」とつぶやいていたのです。

国が宮ケ瀬ダム建設を発表したのは１９６９（昭和44）年のことでしたが、実際に建設工事が始まったのは１９８７（昭和62）年でした。この18年間、一体何をしていたのかということがアキラの疑問でした。このア

キラの言葉を活かしながら補償問題につなげていこうと考えました。

子どもたちのノートには授業内で配付した資料のほかに、毎時間の板書の写真と全員の振り返りコメントの一覧が貼られています。アキラの意見はそのコメント一覧にも載っていましたので、そこに注目させてアキラの考えを全員に紹介しました。さらに、簡易年表ではなく詳細年表を追加資料として配付することにしました。すると子どもたちは、この18年間に何があったのかを必死に探りはじめたのです。しばらくするとヨシアキがあることに気づきました。

「なんかよく見たらさ、18年の間に同じ文字がたくさん書いてあるんだけど。損失補償とか漁業補償とか補償基準とか補償調印とか…補償っていう文字がたくさんあるみたいだよ?」

するとあちこちから「補償ってなんだ?」「どういう意味なの?」「どこ? どこに書いてあった?」という声が溢れ出しました。

わからない言葉に遭遇したとき、すぐに辞書で調べるよい習慣が身についているのはヒロシです。ヒロシは机の中からさっと辞書を取り出し、意味を調べてくれました。「損失や損害などに対して金銭などでつぐなうことって書いてあるよ」とみんなに知らせると、トモヤが「じゃあ、お金がもらえるってこと?」と反応しました。「無条件で犠牲になるなんて納得できない」と憤慨していたトモヤにとって、このお金が出るという情報はかなりのインパクトがあったようでした。

ダム建設の決定から着工までの18年の間、さまざまな補償協議や補償交渉が行われていたということを確認しながら、いよいよ本題の「ジャンプの学び」へと入っていけそうな雰囲気が出てきました。

社会科の授業にはさまざまな側面があります。客観的なデータを用いながら俯瞰的な立場で考えさせることと、社会の事象を自分事として切実に捉えること、そして対象となる人物の思いに寄り添って考えることなどがあげられます。学習の経過とともに、それらさまざまな側面に関して考えたことが折り重なり、混ざり合いながら融合していくことで、社会的実践力が身についていくではないかと考えています。またこれらの視点の狭間にあるジレンマに気づくことや、悩みながら思考を深めていくというプロセスも、大切な学びのステップなのではないかと考えています。

前述のとおり私の授業では、これらの視点をマトリクス状にまとめて、子どもたちの思考を「見える化」しながら進めることがあります。今回は上図のようなマトリクスを設定しました。縦軸は『ダムは必要か／必要ではないか』、横軸は『もし自分が宮ヶ瀬の住人ならダム建設に賛成できるか／反対するか』という2軸で4象限を表現しています。

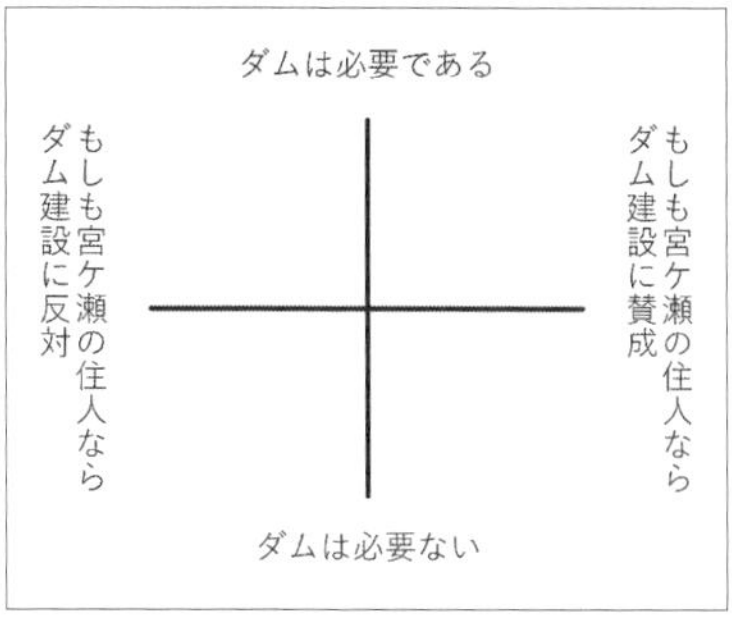

ダムは必要である
もしも宮ケ瀬の住人なら ダム建設に賛成
もしも宮ケ瀬の住人なら ダム建設に反対
ダムは必要ない

この上に子どもたち自身が「今の自分の考え」と合う思考の立ち位置を選び、名前マグネットでその立場を表明していきます。名前マグネットの立ち位置変更は授業中でも構いません。いつでも自由に立ち位置を変更しながら考えを整理し、自分の考えが変化していく過程も視覚化できるようにしています。

この日の授業では、宮ケ瀬の住人には補償金が支払われるという新たな事実が子どもたちの学びに加わったので、そこから「ダム建設についてどう考えるか」という「ジャンプの学び」へと入ることにしました。

ミズキが複雑な表情をしながら「何だかなぁ…ふるさとをお金に買えてるみたいでいやだな…だからね、私が宮ヶ瀬の住民だったら反対すると思う」とつぶやきました。すると、この「ふるさと」という言葉に多くの子が反応しはじめたのです。ユキエは「ふるさとを離れるってことは、大切な友だちとも別れるってことなんだよね…」と悲しげにつぶやくと、ユキエの考えに同調したナミが「友だちと別れるなんてお金をもらっても絶対嫌だな…」と付け加えました。

ここでヒロシが、「どれだけお金がもらえても、宮ケ瀬での暮らしは買えないんだよ。そこどう思う?」とみんなに投げかけると、ミユキが「確かにふるさとはお金で買えないもんね」と頷きました。

するとここで新たな流れが起きました。当時、宮ヶ瀬に住んでいた人々が抱いたであろう率直な思いを、子どもたちが口にしはじめたのです。と同時に、子どもたちは補償金で解決しようとする手立てを否定的に捉えているようにも感じられました。

ここで授業者として注意しなければならないのは、「お金＝悪」と認識させてはいけないということです。生きていく以上、お金は絶対に必要なものです。世の中はお金を媒介として回っている事象がほとんどなのです。そこには人の営みがあり、人の努力や工夫がついて価値を生み出していきます。

世の中に目を向けて真実を捉える視点を養う社会科という教科の特性を考えるならば、お金を悪として捉えてはいけないと考えました。子どもたちのお金に対する否定的な発言も受け止めながら、お金の必要性にも気づけるように誘導していかなければなりません。

ここで、これまで一貫してダム建設に賛成の立場をとっていたサエを指名することにしました。サエは「ダムの四つの役割を考えるとやっぱり必要だし、宮ケ瀬の住民だとしたらふるさとを失う辛さはあるけど、神奈川県民全体のことを考えるとどうしてもダムが必要だと思う」と話しました。教室内の多くの意見とは違うので、迷っている様子もありましたが、それでも自分なりにしっかりと判断して発言している様子が伝わってきました。このサエの発言を受けて、「確かにダムがなかったら困るよなぁ…」「神奈川県のことを考えると…ね」「私たちも神奈川県民の一人だしね…」などのつぶやきで教室がざわつきはじめました。

サエが発言するまでは「ふるさとをお金にかえるのは嫌だ」と言っていた子どもたちも、客観的視点を取り戻すことができたようでした。このタイミングでもう一度グループでの学びに戻し、今の自分の気持ちを語り合う時間を設けました。

どのグループも、各々の迷いが交流されています。その多くは、〝当時の宮ケ瀬の住民に寄り添って考えている自分〟と〝宮ヶ瀬ダムの恩恵を受けている一県民である現在の自分〟という自分のなかに生じた二つの立場に挟まれて感じているジレンマでした。

再び全体での交流に戻すと、カイリが話しはじめました。「Oさんの話を聞くとね、やっぱりふるさとを残してほしいと思う。だから賛成できない。だけど、洪水を防いだりするダムは絶対に必要だし…悩んじゃう」と迷いを見せました。

これを受けて、ユウマが「お金の問題ではないと思うんだよね。やっぱり譲れないものは譲れない」と強い口調で語ると、サトシも「ふるさとはたった一つで宝物のようなものだと思う。お金にかえれるものではないと思う」と付け足しました。やはり、当事者であるOさんの声は子どもたちの思考に大きな影響を与えているようでした。

ここで、補償内容の具体例を追加資料として提示しました。子どもたちは、「お金が支払われた」という事実のみに注目していたので、〝どのぐらいの額が支払われたのか〟〝お金以外の補償にはどのようなものがあったのか〟という点についても気づけるように、補足の情報を提示しました。ここでは、補償の内容をダム館の館長Mさんに語っていただいた映像資料を見せました。

私の授業では、手持ちの資料を一気にすべて提示することはしません。子どもたちの思考の流れや授業展開に応じて、手持ちの資料のなかからその時々で、最適なものをピックアップしていきたいと考えているからです。

子どもたちはこれまで与えられた資料をもとに現在の認識（考え）を築き上げています。そこに追加資料として新たな事実が提示されたとき、今ある考えがどこまで通じるのか、どこまで思考をジャンプさせられるか。それを図っていくことも、社会科における「ジャンプの学び」につながるものだと感じています。

Mさんの話から、子どもたちは新たな事実を知ることとなりました。

○多額の補償金が支払われたということ
○代替地が用意されたということ
○代替地は駅からも近く、商業施設や大きな病院などもあり利便性の高い土地であるということ
○移転後は職業の補償もあったということ

さらに、補償金の具体的な金額についても示していきました。ここではまず、当時日本トップの補償額であった三保ダムの例を先に紹介しました。三保ダムでは、水没223世帯に対して約227億円が支払われました。この事実を提示した瞬間に計算の速いサチコは「1世帯に約1億円だ！」と驚きの声をあげていました。そして、宮ヶ瀬ダムはどうであったのかという視点に移りました。

いきなり宮ヶ瀬ダムの補償金額を提示するよりも、子どもたちの興味をひきつけることができたと感じます。子どもたちは食い入るように提示される資料をみていました。宮ヶ瀬ダムでは水没281世帯に対してなんと約500億円が支払われたことがわかりました。ここでもサチコがすかさず「1世帯に1億8千万円！」と歓声を上げると、教室は黄色いざわめきに包まれました。

「すごーい！」「いいなー！」「出すなぁ！」「うらやましい！」

4年生の子どもたちにとって、1億8千万円という金額は決して馴染みがあるものではないと思います。しかし、その補償がどの程度すごいものであったのかを想像することができたのは、その当時トップの補償額であった三保ダムを引き合いに出し、比較することができたからだと思います。補償の手厚さへの自然な気づきがここで生み出されました。Mさんの話に加えて、実際の補償金額という新たな資料を提示したあとで、もう一度グループでの学びに戻しました。どのグループでもさらなる迷いが交流されました。

「これだけのお金がもらえたとしても私は反対」「1億8千万円かぁー、それに土地や職業の補償もあるからなぁー…迷うなぁ」「これだけもらえるんだったら…ちょっと受け入れちゃうかも…」などのつぶやきでいっぱいになりました。

再び全体に戻すと、メイが「宮ケ瀬の人たちも本当はつくってほしくないと思うんだよね。でも仕方なく受け入れたと思う」と語りました。補償金が欲しくて受け入れたわけではないというメイの主張に多くの子がうなずき同調しました。

ノリコもこれに続き、「宮ケ瀬の人たちもダムが必要とわかっているんだよね。でもできれば違う場所につくってほしいと思ってるはず」と付け加えました。さらにヨシエは「補償金でふるさとをもう一度つくることもできるんじゃないかな。そうすれば寂しさも減ると思うんだけど」と投げかけました（ヨシエのこの一言は、単元終盤の学びである「集団移転」のことや、代替地の地名を「宮の里（宮ヶ瀬に暮らした人々の第二のふるさと）」としたことなどにもつながっていきました）。

子どもたちは今回の学習を通して、次のような認識を築き上げることができました。

○ダム建設に伴う移転は宮ケ瀬の人々にとってもジレンマであったこと
○そのジレンマを補償という形で緩和するしかなかったということ
○ふるさとは宝物であるということ
○大切な宝物であるふるさとを、県民全体のためにダムに沈めたということ
○その辛さの代償としてのお金、土地、職業などの手広く手厚い補償であったこと
○お金とふるさとを交換したわけではないということ
○やむを得ず苦渋の決断として補償を受け取り、ふるさとを手放したということ

今回のダムの学習では、「ダム建設問題」とそれに伴う「立ち退き問題」について、またそれに付随する「補償問題」をクローズアップして取り扱いました。大単元は「暮らしと水」でした。私たちが当たり前のように利用している水にも、背景にさまざまな社会的事象が含まれていたことに気づけたのではないかと思いま

す。

繰り返しになりますが、社会科の教科目標は公民としての資質・能力の育成です。現在も、世の中ではダム建設に限らずさまざまな開発が行われています。すべての人が幸せとなるような開発であればよいのかもしれませんが、一部の人々の犠牲によって多数の利益を生み出している開発が多いのも事実です。そのような世の中のしくみのままで本当によいのかを考えることや、そのような問題から目を背けずに向き合っていく姿勢もまた、公民としての資質・能力につながっていくのではないかと考えています。

今回のような授業デザインにしたのは、私たちの周りにある社会事象に目を向け、悩みながら考えるという経験の必要性を感じたからでもありました。

学びを支える学び「スピンオフの学び」

最後に、「スピンオフの学び」についても少し紹介したいと思います。私は趣味でテレビドラマをよく観るのですが、最近は地上波で放送されているメインのストーリーのほかに、ネットなどで配信されるスピンオフの作品が増えてきているように感じます。

このスピンオフ作品はまったく別物のストーリーではなく、別視点からメインストーリーを支えていたり、本編では描ききれない背景を扱ったりしていることが多くあります。学びにおいても、こういった派生的な学びがメインの学びに影響を与えたり、メインの学びを支える土台になることがあるのではないかと、最近はつくづく思うようになりました。単元にかけられる時間の制約もありますが、自分の授業では可能な限り、主軸の学びと支え合うような「スピンオフの学び」も取り入れていきたいと考えています。

今回のダムの学習では、少しばかり「スピンオフの学び」にも取り組むことができましたので、ここで簡単に紹介したいと思います。

スピンオフの学び ①他地域のための犠牲

Mさんへの取材のなかで新たな事実がわかりました。それは、清川村や愛川町など宮ケ瀬周辺地域は昔から水資源が豊富であり、独自に水源を確保できているということでした。つまり宮ケ瀬ダムに水をためても、その水を使うのは宮ケ瀬周辺の人々ではないのです。今現在も、宮ケ瀬周辺地域は独自の水源から水を引いています。宮ケ瀬ダムの水を利用するのは、私たちが暮らす茅ケ崎や、横浜、横須賀など、遠く離れた地域の人々なのです。遠く離れた場所に住む人々の暮らしを支えるために、自分たちの村が沈んでしまった事実を示し、さらなる揺さぶりを試みました。

スピンオフの学び ②ダム下流に暮らす人々の思い

水没する宮ケ瀬の住民から大きな反対運動はなかったことには、補償の手厚さがあったことを学びました。ここで、ダム下流に住む愛川の人々からは大きな反対運動が起きたという資料を提示しました。ダムに沈むわけではない愛川の人々からなぜ反対運動が起きたのか。それはダム下流に住むがゆえの恐怖によるものでした。高さ156m、水量は芦ノ湖とほぼ同じといわれる巨大ダムが、もしも大地震などにより決壊することがあれば、下流の地域は壊滅してしまいます。しかもダムに沈む地域とは違い、補償はありません。こうした、新たな視点を入れることで、世の中の複雑さに気づくきっかけを与えられるのではないかと考えました。

スピンオフの学び　③これからのダム建設について

今後のダム建設の是非についてもふれることにしました。宮ケ瀬ダムの建設計画が発表された当時は、まさに高度経済成長期であり、県内にも多くの工場が乱立されていました。水需要や電力需要は膨大なものだったため、その役割を担うためにダム建設が必要だったのです。しかし、ダムが完成したのはその30年後でした。完成時には高度成長期も終わりを迎え、時代は平成となっていました。近年、世の中では環境保護や自然保護の考えが主流となり、工場も節水型の設備が導入されるようになっています。もはや水需要に対応するためのダムとはいえなくなりました。世の中の状況が変わったなか、今後のダム建設はどうあるべきかを問いました。治水や発電のためという名目はあるかもしれません。しかしそれを理由に、そこで暮らしている人々の生活や幸せを、簡単に消してしまってよいのか。簡単に答えが出る問題ではありませんが、子どもたちとともに考えてみました。

スピンオフの学び　④ゲストティーチャーに水没住民のOさんを迎えて

これまでの学習で子どもたちはさまざまなことを考え、葛藤をかかえながら学びを深めました。資料だけではわからないことや想像できないこともたくさん出てきました。そこで、水没住民の一人であるOさんをゲストティーチャーとして迎え、子どもたちの疑問に答えていただくことにしました。

これまでは資料のなかの登場人物であったOさんが、目の前で自分たちのために語ってくれているという貴重な機会をかみしめながら、話を真剣に聴いていました。Oさんからは、まず宮ケ瀬という場所がどれほど自然豊かな場所であったかを教えていただきました。そんなすばらしい故郷を失う悲しみがどれほどのもので

あったかを、子どもたちに語りかけてくれました。しかし、当時は高度経済成長期でもあり、横浜・川崎を中心に都会では工場が乱立し、それに伴って電力需要・水需要が膨れ上がり、ダム建設が必須であったということも、地元住民として理解していたことが語られました。

県民のため、国を豊かにするために、一部の犠牲はやむなしという考えに至ったそうです。とはいえ、幼少期・思春期という人格形成において最も大切な時期を過ごした場所が水の底に沈んでしまったという悲しみは、今もなお続いているそうです。

現在は画家として生活されているOさんが描いた宮ケ瀬の絵を見せていただき、思い出を絵に込めたOさんの心情がよく伝わってきました。

第3章 保護者を題材とした学びをデザインする

浜之郷小学校では学習参加という形で、保護者が子どもと一緒に学ぶ授業があります。授業参観ではなく一緒に取り組み、一緒に学ぶというのが特徴です。これは、子ども・保護者・教師・地域が共に学び育っていこうとする学びの共同体の理念からきている取り組みです。本章ではそんな保護者数名に協力をいただき、その保護者の職業と、仕事への思いを学びの題材として取り組んだ実践を紹介します。

「工業生産を支える人々～自動車工業の学習を通して～」（5年生）

今回は、5年生の大単元「工業生産を支える人々」のなかの「自動車工業」についての学習を紹介したいと思います。

■5年生の社会科の特徴と本単元の学びのデザイン

5年生の社会科は「食料生産を支える人々」「工業生産を支える人々」「環境を守る人々」など「人」を主軸

として単元が構成されているものが多くあります。

浜之郷小学校の5年生は地域の「西久保田んぼ塾」の皆さんの協力を得て、一年間を通して稲作の学習を進めています。とくに塾長のSさんからは「米づくりのやり方」だけでなく、農家の皆さんの苦労や努力、工夫していることなど、農業を職業としている人々の〝思い〟を教えてもらっています。

実際「社会的見方・考え方」を身につけさせるには、用語の暗記ではなく、この社会を形成している人々の〝思い〟を感じ取り、そこから考えを深め広げていくことが大切だと思います。

社会の営みに「絶対的な正解」はありません。だからこそ人は工夫をし、努力をし、葛藤をするのだと思います。そんな人々の〝思い〟にふれながら、正解のない問題をクラスみんなで考えていくようにしています。

これまで、子どもたちとは沖縄県石垣島で八重山パインをつくるHさん・Iさん、長野県野辺山原でレタス農家を営むTさん、宮城県登米市で米の有機栽培に取り組むIさん、神奈川県伊勢原市で養豚業を営むKさん…などさまざまな人の生きる姿、とくにその人が葛藤し、決断する姿を通して今の社会をじっくりと見つめ、問題を追求してきました。

社会の営みに「絶対的な正解」はありませんが、「社会的によりよい考え方」を探ることはできると思います。さまざまな人の話や関連資料を通して、「社会的によりよい考え方」とは何なのかを皆で知恵を出し合いながら探ってきました。

「工業生産を支える人々」の学習では、第1次では自動車工業を、第2次では町工場を題材にして学習をしていきます。そのなかでも「働く人の思い」に多くふれさせていきたいと考えています。

学習のなかで、関連する「人物の話」を随時入れていき、実際の現場の声を通して考えを深めさせていくことに重点をおいています。浜之郷小学校では教育出版の教科書を使用していますが、他社の教科書もすべて取り寄せ、掲載されている人物の声を随時紹介していくようにしました。

この年のクラスの保護者のなかには、自動車関連の仕事をされている方が多くいらっしゃいました。ソウタのお父さんはタイで現地の人に日本の自動車生産技術を教える仕事をしています。ミコのお父さんは安全部品（主にエアバッグ）の製造をしており、インドでの仕事経験もある方です。ミユキの両親は地元の工場でエンジンの製造をしています（本章で登場する児童の名前はすべて仮名）。

これらの保護者の皆さんからは仕事への思いや、仕事をするうえで感じているジレンマなどを聞かせていただきました。聞かせていただいたお話や関連資料を通して学習課題を設定し、それらに対して「社会的によりよい考え方」という視点でアプローチしていくこととしました。

共有の学び

「共有の学び」としては、自動車づくりにたずさわるさまざまな人々の思いにふれていくことを大切にしました。

自動車の学習の第1時は、「人と自動車～自動車の誕生を通して～」という内容からスタートしました。子どもたちは、今では便利な乗り物である自動車ですが、その開発には多大な苦労と努力があったことや、開発の原点は〝戦争利用〟だったことなどに気づくことができました。

第2時以降は、実際に自動車づくりにたずさわっている人々の話を通して、その人々の思いやプロ意識を探っていく学習を行いました。第2時ではライン作業に従事する「ＴＮさん」「ＳＭさん」「ＳＩさん」の3名の話を通して、その人たちの思いを探っていきました。子どもたちのなかには、3名の話のなかから共通点を見つけて話をする子が多くいました。〝効率〟〝正確さ〟〝安全〟などの視点から、その人物がどのような思いで仕事をしているのかを考えている様子が随所に見受けられました。

第3時では、工場で働く「STさん」「KDさん」「YMさん」の話を通して、働き方の工夫や働く環境づくりについて考えていきました。子どもたちは「ミスを防ぐための工夫」という点に着目していました。一つのミスが工場全体に影響することや、ミスそのものが最終的にはお客さんの安全に関わってくるということを話す子どもが多くいました。「ミスを防ぐためには集中力をキープする必要がある」という発言を起点に、「そのための2交代制だと思う」や「少しでもミスを防ぐためにチームとして仕事をしている」「ストレスをためたり、イライラしたりすると集中力が持続できない。だから快適な職場づくりに力を入れている」などの考えが出てきました。

第4〜5時では、シート工場で働く「HKさん」「HSさん」「KTさん」「UYさん」の話を、第6時ではハンドル工場で働く「KMさん」の話を取り扱い、関連工場で働く人々の思いを探っていきました。日本の工場の多くはジャストインタイム方式が採用されています。関連工場の人々も生産が遅れないように努力していることや、決められた時間に確実に届けるというプロ意識に目を向けている子どもが多くいました。そしてそれらはチームワークによって支えられているという見方も出てきました。さらに「不良品を出してしまうと会社としての信頼を失うことになる」「信頼を失うことが職業人としては一番の痛手だと思う」など新たな視点もこのころから出始めてきました。

第7〜8時では、安全研究をしている「KDさん」「NJさん」、シートベルトの開発をしている「SMさん」、エアバッグの開発をしている「ＩＧさん」の話を通して自動車の安全について考えていきました。関連資料として「事故件数と死亡者数の推移」のグラフを使用しました。近年、自動車事故による死亡者数は減少してきています。しかし一方で、事故件数自体は増加の一途をたどっています。安全部品を開発している人々はどのような思いで仕事をしているのかを探っていきました。

子どもたちは、安全部品をつくっている人たちは、誰もが事故による犠牲者をなくしたいという思いをもっていることに目を向けていました。さらに、「事故を減らす対策」と「死者を減らす対策」の二つの視点があることに気づいた子どもも多くいました。事故数そのものは年々増加しています。しかし死者数が年々減少しているのは、エアバッグ・シートベルト・チャイルドシートなどの安全部品の開発の成果によるものではないかという意見も出てきました。「事故が減らないのはドライバーの意識の問題ではないか？」という意見も出てきました。開発側の意識と、ユーザー側の意識との間にズレが存在するのではないかという話題にまで及びました。

第９～10時では、本学級のミユキの両親の話を使用して授業を行いました。ミユキのお父さんは地元の工場でエンジンの製造を行っています。お母さんは同じ会社でエンジンの製造管理を行っています。このご両親の話をもとに、エンジンづくりにたずさわる人々の思いを探っていきました。子どもたちはエンジン製造というとロボットを使ってダイナミックな作業をしているイメージがあったようですが、実際の話にふれてみると、確かに機械での作業も工程のなかにあるのですが、手作業の部分は０・００１㎜以下のミクロ単位で仕事をしていることがわかり、衝撃を受けていました。エンジンの内部は精密機器であるので、少しのほこりも入らないように細心の注意を払いながら仕事をしていることも知ることができました。

子どもたちの発言のなかに「エンジンは車の心臓のようなもの。だからこそ車づくりにたずさわる多くの人々の思いを背負ってつくっているのでは」というものがありました。また「ミクロ単位での細かな作業をすることはとても集中力の必要なこと。ストレスもかかるかもしれない。だからこそ、それをケアする環境づくりが必要だと思う」という第3時の学習内容と関連させて考えている子どもも出てきました。

第11時では、「これからの自動車づくり」を考えていきました。「無事故をめざす取り組み」「温暖化防止をめざす取り組み」「リサイクルを進める取り組み」の3つの視点で投げかけてみました。

子どもたちからは「無事故化をめざす取り組みを優先すべき」という意見が多く出ました。第7〜8時の内容と関連づけて考えている子どもが多く、事故数を減らすための開発が早急だと考えている様子が見受けられました。

これまで各セクションで働く人物の思いを扱ってきましたが、それらが少しずつつながりはじめた瞬間でもあるように感じました。このタイミングで「ジャンプの学び」へと移ることとしました。

ジャンプの学び

第12時以降は、「ジャンプの学び」として「自動車の海外生産」について考えました。視点を海外に広げることで、子どもたちからさらなる気づきを引き出すのが目的です。本学級のソウタのお父さんとミコのお父さんは、海外での自動車生産にたずさわった経験をおもちだったので、両保護者に連絡を取り、取材依頼を行いました。授業の題材として話を聞きたいという目的を伝えたところ、快く引き受けてくださいましたので、さっそく課題を設定することにしました。お二方とも、仕事をするうえでの苦労やたいへんさと同時に、その

やりがいや楽しさについてもお話くださり、仕事をするうえでかかえているジレンマについても教えてくださいました。

「ジャンプの学び」ではこのジレンマを切り出し、子どもたちにぶつけてみることにしました。二人の保護者が抱いているジレンマの共通点は「産業の空洞化」という問題でした。日本の工業生産全体がかかえているジレンマともいえる〝産業の空洞化〟について、クラスの保護者という身近な大人から聞く体験は、子どもたちの気づきをジャンプさせてくれることを確信しました。身近な大人が職業人としてかかえているジレンマを通して、社会のしくみを考えるという学びを展開することにしました。

正解がないこのような題材のときは「答え」を見つけようとするのではなく、クラス全員で考えを共有し、さまざまな可能性を検討するための時間をつくっています。

さて、ここからは「ジャンプの学び」について、子どもたちの実際の学びの様子を紹介しながら、授業のリポートをしていきます。

■本時の課題：海外生産が進むことによる産業の空洞化をどう考える？

まずは、サトシを指名することにしました。サトシは授業の冒頭でつまずいてしまうと、その後の意欲を喪失してしまう傾向があります。そこで、毎回の授業で一番最初に指名をして、その発言に価値をつけることから授業をスタートさせるようにしています。自分の発言に自信をもてるように支援をしているイメージです。

サトシは自分の言葉を絞り出しながら、「工場を海外に移しちゃったら、ミユキのお父さんやお母さんの仕事がなくなっちゃう…。だから国内で進めたほうがいいと思うんだ」とミユキたちのほうを見ながら深刻な表情で話してくれました。

サトシは非常に幼い子どもですが、本時の授業内容をしっかり理解していることが、その言葉から読み取れました。クラスの友だちであるミユキのお父さんやお母さんがおかれている現状を案じながら、彼なりの言葉で必死に語ってくれたのでした。

ミユキのお父さんとお母さんは地元の工場でエンジンを作っています。そのこともよく理解していたサトシは、前時から一貫して、国内の工場が次々に海外移転している現状を不安に感じていたようです。「国内の工場が海外に移転してしまったら、今日本で働いている人たちの仕事がどんどんなくなってしまうよ…」と悲しげな口調で言いました。そんなサトシの深い考察と切実さを伴う発言に影響されてか、普段はほとんど発言をしないコウタからこんな発言が飛び出しました。「国内の工場で働いている人たちの苦労をもっと考えるべきだと思うんだよね」とサトシの発言に続いたのです。

コウタはそれほど積極的なタイプではないので、自ら進んで挙手したこと自体が驚きでしたが、どの子もコウタの発言を聞き逃すまいと、真剣な表情で耳を傾けていたのが印象的でした。コウタはこれまでの授業で扱ってきた、自動車づくりにおける各セクションの人々の苦労や努力を無駄にしてはいけないという強い思いがあったようでした。じつは毎回提出してもらうノートには、コウタのそうした想いが綴られていたのですが、クラス全体のなかで発言するには至っていませんでした。コウタが発言したこと自体が驚きと感動でしたが、それを引き出したのがサトシであったことに、教師としての感慨深さがありました。心から出てくる想いを伝えたことで、相乗効果が生まれたように感じられました。

じつはこの日は、授業公開日でした。そのため参観者が100名ほどおり、普段の授業とは違う環境だったのです。大勢の人たちに囲まれた空間のなかで、サトシやコウタから積極的な姿勢と発言が得られたことに本当に驚かされ、二人の成長を嬉しく思いました。そして何よりも、サトシやコウタが活躍できるようなクラス環境に成長していることを嬉しく誇らしく感じました。

私の授業では「聴く姿勢」を最も大切にしています。人の話を聴くことは、学びの基本だと考えているからです。新学期の4月から夏休み前ごろにかけてはとくに、この「聴く」ということを徹底して指導し、クラス全体で「聴く」雰囲気をつくります。

「学び合い」の授業と聞くと、教室中から多くの意見が活発に出ている少しガヤガヤとした雰囲気を想像される人も多いのではないでしょうか。あるいは、そういった賑やかな空気のほうが、子どもが主体的に学んでいるよい授業だというイメージをもつ人もおられるかもしれません。しかし私の考える「学び合い」には、まず「聴く」という段階があります。お互いの想いを「聴き合う関係」なしには、学び合いは成立しないと考えているからです。

友だちの意見をしっかりと聴いて、そしてしっかりと受け止めること。このことがやがては安心感へとつながっていきます。どの子の意見も否定せずにしっかりと受け止め、何を言いたいのかを理解し、そのうえで自分の考えをしっかりと述べる。このようなプロセスを大切にしています。

誰かに自分の意見を聴いてもらえるという安心感は、やがて信頼関係を築いてくれます。互いに信頼しあえる教室環境が整えば、「相手を受け止める」「相手の心に寄り添う」という軸ができますので、どの子も自分に自信をもって、しっかりと発言できるようになります。そうしているうちに、自ずと深みのある意見も増えてくるのです。安心や信頼関係から生まれた、一人ひとりの深みのある意見を、互いにしっかりと聴き合い、しっかりと受け止めあうことで、学び合いの質はこれまで以上に高まっていきます。

このような互恵的な学びの関係を築く第一歩は、まさに「聴き合う関係づくり」から始まるといっても過言ではありません。すぐに意欲を失いがちなサトシや積極的に何かをすることが少し苦手なコウタが、大勢の参観者のなかで安心して自分の意見を発言できたことは、クラス全体が「聴き合えるクラス」として大きく成長していることの証でもあります。その様子を目の当たりにした私は、「聴き合う関係づくり」が正しい学び合いを引き出すポイントであることを確信し、非常に嬉しく思いました。

サトシやコウタの発言を受け、それに次々と賛同する意見も出てきました。

「そうだよね！　国内の工場を守っていくべきだと思う！」

「国内の下請け工場の人たちが本当にかわいそうだよね」

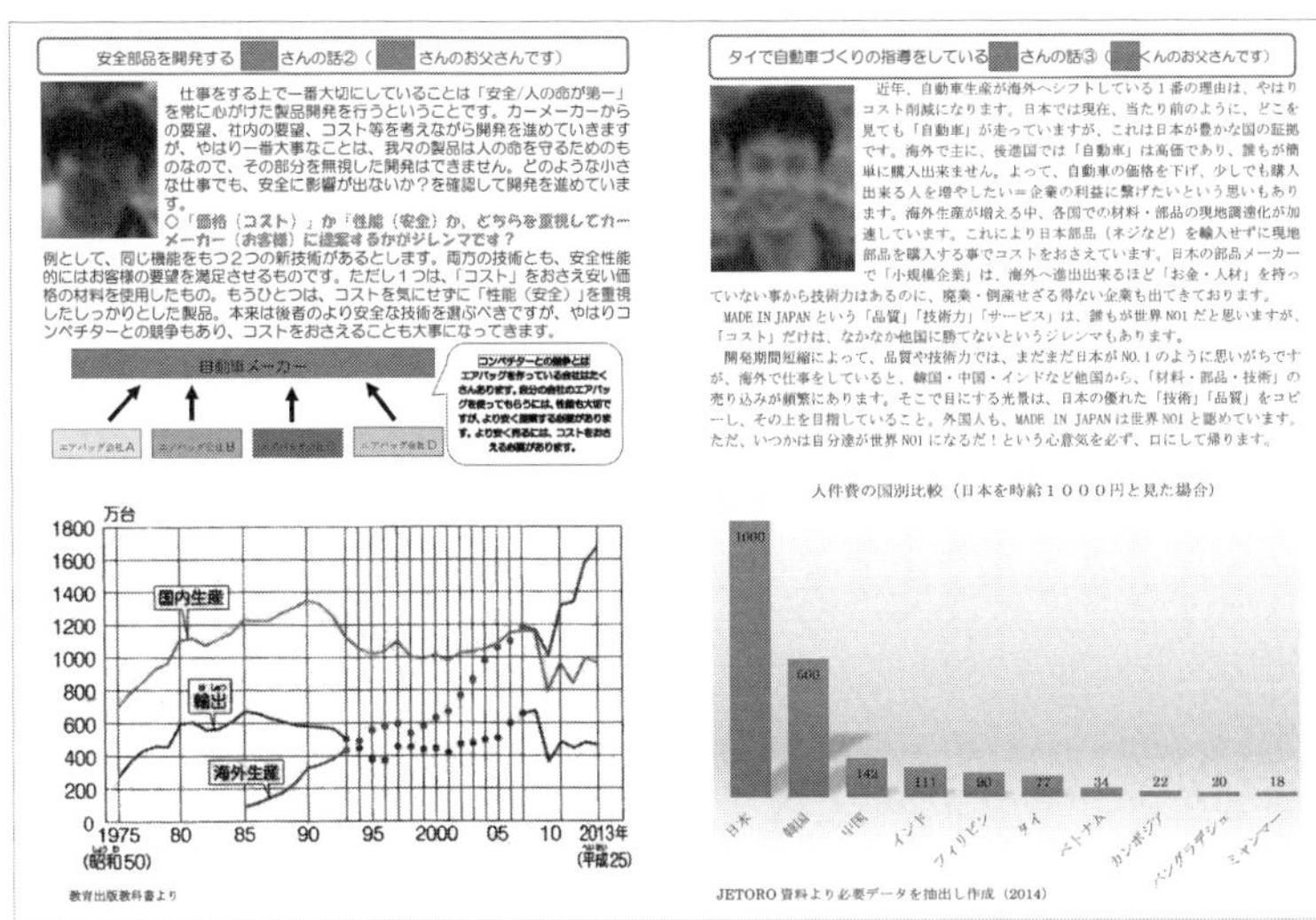

安全部品を開発する　さんの話②（　さんのお父さんです）

仕事をする上で一番大切にしていることは「安全/人の命が第一」を常に心がけた製品開発を行うということです。カーメーカーからの要望、社内の要望、コスト等を考えながら開発を進めていきますが、やはり一番大事なことは、我々の製品は人の命を守るためのものなので、その部分を無視した開発はできません。どのような小さな仕事でも、安全に影響が出ないか？を確認して開発を進めています。

◯「価格（コスト）」か「性能（安全）か、どちらを重視してカーメーカー（お客様）に提案するかがジレンマです？

例として、同じ機能をもつ２つの新技術があるとします。両方の技術とも、安全性能的にはお客様の要望を満足させるものです。ただし１つは、「コスト」をおさえ安い価格の材料を使用したもの。もうひとつは、コストを気にせずに「性能（安全）」を重視したしっかりとした製品。本来は後者のより安全な技術を選ぶべきですが、やはりコンペチターとの競争もあり、コストをおさえることも大事になってきます。

教育出版教科書より

タイで自動車づくりの指導をしている　さんの話③（　くんのお父さんです）

近年、自動車生産が海外へシフトしている１番の理由は、やはりコスト削減になります。日本では現在、当たり前のように、どこを見ても「自動車」が走っていますが、これは日本が豊かな国の証拠です。海外で主に、後進国では「自動車」は高価であり、誰もが簡単に購入出来ません。よって、自動車の価格を下げ、少しでも購入出来る人を増やしたい＝企業の利益に繋げたいという思いもあります。海外生産が増える中、各国での材料・部品の現地調達化が加速しています。これにより日本部品（ネジなど）を輸入せずに現地部品を購入する事でコストをおさえています。日本の部品メーカーで「小規模企業」は、海外へ進出出来るほど「お金・人材」を持っていない事から技術力はあるのに、廃業・倒産せざる得ない企業も出てきております。

MADE IN JAPAN という「品質」「技術力」「サービス」は、誰もが世界 NO1 だと思いますが、「コスト」だけは、なかなか他国に勝てないというジレンマもあります。

開発期間短縮によって、品質や技術力では、まだまだ日本が NO.1 のように思いがちですが、海外で仕事をしていると、韓国・中国・インドなど他国から、「材料・部品・技術」の売り込みが頻繁にあります。そこで目にする光景は、日本の優れた「技術」「品質」をコピーし、その上を目指していること。外国人も、MADE IN JAPAN は世界 NO1 と認めています。ただ、いつかは自分達が世界 NO1 になるだ！という心意気を必ず、口にして帰ります。

JETORO 資料より必要データを抽出し作成（2014）

「ジャンプの学び」で配布された資料

「国内で生産している人たちの気持ちをちゃんと考えなきゃダメだよ」

「生活に困ってしまう人たちも出てくると思う…」

「仕事がなくなったら大変だよね…何とかならないのかな?」

改めて思い起こしてみると、この年のクラスは非常に感受性が強い子どもたちが多かったように思います。道徳などの授業をしていても、他者の痛みを理解しながら発言する子が多くいました。それゆえに、論理ではなく感情によって思考が左右される傾向も目立ちました。これが、サトシやコウタの発言を受けて「かわいそう」「困ってしまう」という感情的な思考につながっているようでした。

そんななか、セイヤが資料を見てつぶやきました。配付された資料には人件費に関するデータが記載されていました。「海外で生産したほうが、働く人を安く雇えるってことなんだよなぁ…なんかよくわからない感じ…」としみじみ語ったのでした。じつはセイヤは、海外における人件費の安さにずっと着目していたのです。セイヤは感情だけで考えるのではなく、資料や現実にしっかりと目を向けながら考えを深めていくのが得意です。落ち着いて物事を冷静に受け止めようとする姿勢が印象的なセイヤの発言を受け、授業者である私も、子どもたちの思考をジャンプさせるヒントがデータから得られることに気づかされました。そこでもう一度、人件費に関する資料に全員の目を戻すように声がけをしました。

子どもたちが感情的な思考に入った際は、そこから抜け出すために資料に誘導し、思考をリセットすることが必要です。冷静に事象を捉えるという意味でも、落ち着くために資料を読み返す時間は社会科の学習として有効であると考えています。

よりよい世の中を築いていくにはどうすればよいのかを考えるのが、社会科の最大の目的ですが、人の思いを感じ取り、自分の感情を表現しながら考えを深めることも必要です。とはいえ、感情的になるあまり、目の前の現実から離れたり、目を背けたりしていては、学びの質は一向に高まりません。何の深まりもない空中戦のような授業になってしまっては、思考をめぐらせる意味がありませんので、適切なタイミングで子どもたちの思考をリセットする誘導も必要です。

▩資料について

グラフ❶は日本とアジアの国々（韓国・中国・インド・フィリピン・タイ・ベトナム・カンボジア・バングラデシュ・ミャンマー）の労働者に対する人件費を比べたものです。日本の人件費が圧倒的に高額であることがデータから読み取れます。隣国の韓国と比較しても日本の人件費は2倍であることがわかります。

資料を見ていると、リクがこんなことを語りはじめました。

「個人的には国内生産を守っていってほしいと思う。だけどさ、社会的に考えると国内での生産にこれほどの人件費がかかると思うと…やっぱり海外移転も仕方がないのかなと思っちゃうんだよね…。だってちょっと高すぎじゃない?」

このリクの発言は子どもたちの「見方・考え方」に大きな影響を与えたように思いました。今回の課題で目立つようになった「個人的には〜、社会的には〜」という発言の仕方は、こうあってほしいという理想・願い・情意といったものを正直に表現しつつも、現実を考えるとうまくはいかないことを理解しているようでもあります。そしてそのうえで、世の中にとって一番よい決断のためには、理想を曲げなくてはならないという気づきを表現していたフレーズのように感じられました。

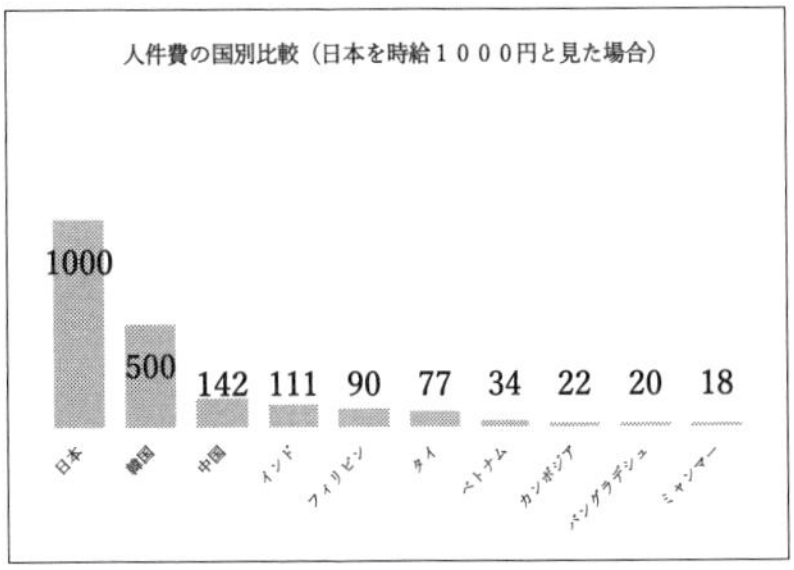

人件費の国別比較（日本を時給１０００円と見た場合）

日本	韓国	中国	インド	フィリピン	タイ	ベトナム	カンボジア	バングラデシュ	ミャンマー
1000	500	142	111	90	77	34	22	20	18

グラフ❶　JETORO 資料より必要データを抽出し作成（2014）

教室内に影響を与えたリクの発言に対し、テツも大きく同調しこう語りました。

「個人的には日本人だし国内の関連工場とか下請け工場を守っていってほしい。だけど、これほど高額な人件費を払い続けていったら、親会社の経営が破綻しちゃうんじゃないかな? リーダーみたいな存在の親会社が潰れたら、そのなかで働く多くの人が困ってしまうと思う…。だからやっぱり、リクの言うように社会的に考えたら、海外移転も仕方ないんじゃないかなと思う…」

国内で働く人の仕事が奪われることへの心配や怒りなど、感情面を全面

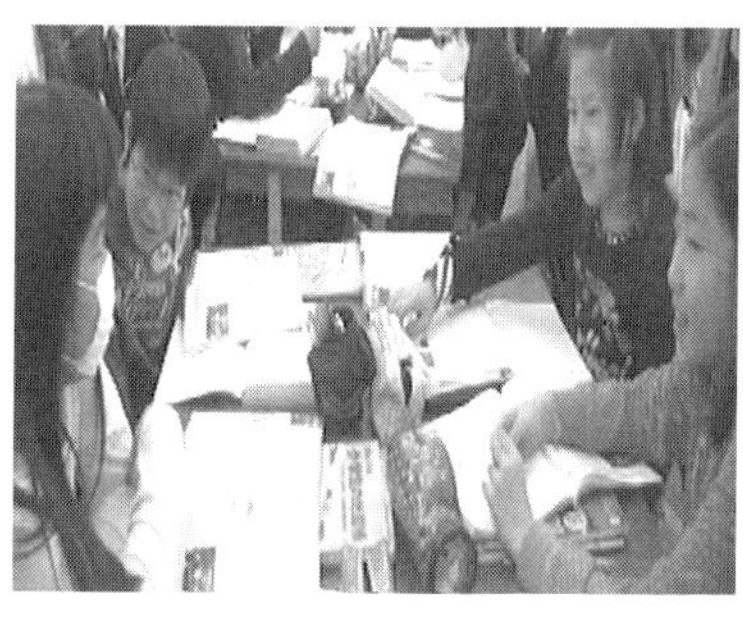

に出しながら国内生産を守っていくべきだと主張していた子どもたちも、リクやテツの発言を受けて表情が大きく変わっていくのが見てとれました。
少し混乱の様子も見えてきたこのタイミングで、グループでの学びに戻すことにしました。「個人的には～、社会的には～」という見方・考え方が出されたことによって、子どもたちも少なからず思考が揺さぶられている様子です。それぞれの考えがブレはじめたときにグループでの聴き合いを挟むと、自分の思考を整理することができます。ここでは約10分間、グループでの学びを行いましたが、ここでおもしろいことがありました。まず、親が自動車関連の仕事をしているミユキ、ソウタ、ミコの3人の会話をご紹介します。

ミユキ「海外でつくったら国内でがんばっている人の苦労が無駄になっちゃうよ…！」
ソウタ「海外でやることはコストを抑えることなんだ！　だからそれがいいんだよ！」
ミコ「コストのことを考えると海外移転も仕方ないと思うんだよね…」

3人はほかの子どもたちよりも当事者に近い立場にあるといえます。3人はそれぞれ別のグループで話をしていたのですが、3人それぞれが自分の親の立場となり、その気持ちを代弁しているかのように、とても真剣な表情で話をしていました。それを聞いているグループのメンバーも、3人が語る想いを必死に受け止めようと努力している姿が印象的でした。
思考が整理できたところで、グループでの学びを終え、再び全体に戻します。グループでの学び直後に私が常に意識しているのは、普段、全体の場ではなかなか発言しない子を指名するということです。グループでの学びの直後は、つい先ほどまでグループ内で話していたことを、全体に向けて紹介するだけでよいので、一から自分で考えて話すよりも比較的楽に取り組むことができます。発言に対するハードルがかなり低くなると、自分の言葉を話すことにも抵抗がなくなるはずです。

私は、すべての子どもたちに、授業内で活躍するチャンスを与えたいと思っています。普段から積極的に手を挙げて発言する子には何度もチャンスが訪れます。しかし、なかなか発言できない子にとっては、発言のチャンスがあってもそれをつかみ取ることができません。その点、グループでの学び直後は、誰でも答えられる状態が整っているので、どんな子にとっても発言をする絶好のチャンスだと感じています。そのためにも、クラス内での信頼関係や安心して発言できる教室空間をつくっていくことが大切です。

グループの学び直後は、ナナコを指名することにしました。ナナコは普段は物静かで、あまり積極的に発言をするタイプではありません。そのナナコが、グループで何やら真剣に、そして深刻そうな表情を浮かべながら淡々と語っている様子を目にしていたので、指名することに決めました。すると、ナナコは全体に向けて驚くべき発言をしたのです。

「この前のことなんだけどね、うちのお父さんの会社が潰れちゃったの。で、そのときにどうして潰れちゃったのかって聞いてみたら、ここの土地を売ってくださいって言われたと。土地を高く買ってくれるから、売ってしまったみたいなんだけど…。人はやっぱりお金を取るのかなって…」

小さな声で絞り出すように語っていたナナコでしたが、慎重に言葉を選びながら、今まさに自分の家族に起きている現実を語ってくれたのでした。それに耳を傾けていたほかの子どもたちも、ナナコの言葉を一言も聴き逃すまいと決意したような目で、真剣に耳を傾けていました。ナナコが話を終えたあと、一瞬教室が静まり返りました。ナナコの家族に起きている切実な状況を知らされたことや、ナナコの語り方がそのような空気をつくりだしました。

今回の課題とした「自動車産業の空洞化」という問題とは直接関係のないようにも聞こえるナナコの発言ですが、「人はお金によって左右される」という概念は、今後の授業展開の核をつくような貴重な発言でもありました。その後も「個人的には〜、社会的には〜」という発言が続きました。しばらくするとリカコが自信なさげにこんなことを話してくれました。

「個人的には、今まで国内で働いている人たちの勉強をしてきたから、その人たちの気持ちがわかるの。だから…国内生産のほうが絶対いいと思う。でも、社会的には海外生産なのかなって。日本より海外の人たちに人件費を払ったほうが安いから、コストを抑えることができると思うし、海外の人たちも仕事がもらえるからね。海外移転が悪いことばかりではないと思う。それに海外生産が進んでいくのは仕方がないんじゃないかな…」

これまで学んできた国内で働く各セクションの人々の苦労や努力に配慮しつつも、海外の人たちへの雇用機会につながるという新しい視点を投げかけたのです。

このリカコの発言を受けて、教室内ではさまざまなつぶやきが聞こえるようになりました。

「コストが安い国でやっていくのは仕方ない…本当は国内で続けてほしいけど」

「会社が潰れないためにコストのことを考えるのは、それは当然だと思う」

「確かに海外の人にとっては、働き口ができて嬉しいかも…」

「けど、日本の会社なんだから日本人のことを考えないとダメだよね…」

さまざまな意見が飛び交うなか、これまで話を聴くことに徹していたカンナが口を開きました。

「私も家で昨日考えてきたんですけど。私は個人的な意見だと、やっぱり国内で働いてきた人の苦労が無駄になるので、やっぱり国内生産を進めていくべきだと思うんです。でも今、国が海外生産を進める方針をとっているってことは、それが一番の最善策になるというわけで…。そう思っているから、国のトップは海外生産を進めるべきだって考えているわけで…。海外生産で儲けた会社の人たちがたくさんお金をもつと、たくさん物を買うようになる。それがやがてほかのものをつくる会社の儲けになって…国全体が儲かるじゃないかな？ そういう風にお金がまわるしくみにするにはどうすればいいかを考えているから、海外生産を勧めているんだと思う」

ほかの子どもたちの発言よりも大人びた発言をしたカンナは、いわゆる学力の高い子どもです。経済を円滑に循環させるために、国の方針としても海外生産が進められているのだと力説していました。大人のような思考のプロセスにはいつも驚かされます。

カンナが発言すると、教室ではまたいろいろと違ったつぶやきが発生しました。

「カンナの言うことはもっともだけどさ…本当にそれでいいのかな…」

「なんか微妙だけど、国の方針だとやっぱり仕方ないのかも…」

「〝国〟のことも大切だけど、働く〝人〟のことも考えないとなぁ…むずかしい…」

学び合いの授業のよいところは、仲間の意見や考えを否定せず、しっかり受け止めながらも、そこで流されたり、引っ張られたりしないことにあります。友だちの意見を聴いて、じっくり考えたあとで自分の考えが変わっていくという場面はよく見られるのですが、学力の高い子が知的な発言をしても決して流されずに、教室に飛び交う一つの意見として受け止められていることが多いのです。それもまた「学び合い」のおもしろいところになっています。

この時点で多くの子どもたちの意見は、「個人的には国内生産を進めてほしい。しかし社会的に考えると海外生産もやむなし」というものがほとんどでした。

そんななか、父親がタイで自動車生産の仕事をしているソウタは、教室の皆とはまったく逆の考えを示しました。ソウタは「個人的な意見では、海外生産を進めてほしい。なぜならやっぱりうちのお父さんが海外でやってるから。海外の仕事がなくなったら、それこそお父さんの仕事にも影響するし…。海外でやればコストを抑えられるっていうメリットもあるし…。社会的には日本の人の苦労もあるから国内生産をしたほうがいいのかも…」とお父さんの気持ちを代弁しつつも、ミユキの両親をはじめとする国内で生産にたずさわっている人々のことを考えて発言をしました。いろいろな事情を鑑みても、自動車を国内生産することは、社会的にはよいことだと捉えていたのです。

ソウタが父親の気持ちを代弁するかのように語った姿を見て、ミユキもそれに続きました。

「私はやっぱり日本でつくったほうがいいと思ってる。だって国内の人たちもいろいろ苦労してつくっているのに海外でつくったらさ、国内の人たちの苦労が無駄になっちゃうじゃん。それはかわいそうだと思う…」

ミユキの両親は国内でエンジンの製造をしているのですが、以前に扱った資料のなかでは、ミクロ単位の精密な仕事内容であることが語られています。まさに日本のものづくりの技術の高さを示す資料でもありました。ミユキは両親の仕事への思いをよく理解しているので、海外生産が進むことで日本の技術が衰退してしまうのでは…ということを心配しているようにも見受けられました。

ソウタやミユキの姿を見て、つぶやきが溢れ出してきました。

「確かに！　海外生産に関わっている日本人のことも考えないとなぁ…」

「日本の高い技術を守らないと…外に出しすぎは絶対によくないよ！」
「海外生産が進むと日本の技術が盗まれちゃうよ…」

国内でがんばっている人たちへの思いと、海外でがんばっている人たちへの思いが錯綜しています。社会で起こっている問題は、クラスの仲間の親の仕事というフィルターを通して考察され、子どもたちにとっての身近な問題として捉えられるようになった様子が見えてきました。

するとテルオが、「親会社も下請け会社も、そこで働く人たちにはみんな家族がいるから、生活が困らないようにしないといけない！」と続けます。セイジは「国内生産を守りたいけど、かといって海外生産をなくしたら、そこで働いている人が困ってしまうと思う…」と続けました。

テルオもセイジも、確実にジレンマを感じています。一方にとってのメリットはもう一方にとってのデメリットになってしまう。このロジックに気づき、この問題に関するジレンマを感じはじめているようでした。

セイジから「海外生産をなくしたら、そこで働いている人が困ってしまう」という発言が出たこのタイミングで、新たな追加資料を提示することにしました。

■資料について

次の資料は2014年2月の新聞記事です。トヨタの人件費が高騰したため、オーストラリアでの生産を中止し、4000人の現地社員のうち2500人を解雇したという内容のものです。

先ほどセイジが発言したことそのものが説明されているような記事です。人件費の安さで海外に工場をつくったものの、その人件費が高騰した結果、多くの従業員を解雇することになってしまったのです。セイジが

2014/2/11
日本経済新聞

トヨタ、豪州生産17年末で撤退発表

【メルボルン＝高橋香織】トヨタ自動車は10日、オーストラリアでの生産を 2017 年末で終了すると正式発表した。メルボルンで記者会見した豊田章男社長は「生産継続に多くの逆風が吹いた」と述べ、通貨高や人件費の上昇、関税引き下げによる輸入車との競争激化などを要因にあげた。今回の決定で豪州で生産する大手自動車メーカーはなくなる。交渉中の日豪経済連携協定（ＥＰＡ）にも自動車関税撤廃などの影響を与えそうだ。

豪州子会社の「トヨタ・モーター・コーポレーション・オーストラリア（ＴＭＣＡ)」のアルトナ工場（ビクトリア州）で手掛ける完成車とエンジンの生産を終了する。豊田社長は記者会見で「非常に難しい決断だった。（従業員らに対して）心が痛む」と述べた。

ＴＭＣＡは今後、販売会社として活動する。約 4000 人の従業員のうち生産に携わる 2500 人は職を失う形となる

気づいたとおり、働く人々が困ってしまう状況が現実に起こっていることがわかる資料となっていました。

この資料を提示すると、子どもたちの表情が変わってきました。海外生産を進めていくべきだと考えていた子どもたちも、この記事の内容を理解し、思考が大きく揺さぶられているようにも見えました。また、現実が見えたからこそ余計に考えたい、考えなくてはならないという気持ちが出てきたようでもありました。

思考の揺らぎが見えたこのタイミングで、もう一度グループでの学びに戻しました。ここでは約12分間のグループの学びを行いました。じっくり聞き耳をたてていると、各グループの会話に頻繁に出されている言葉がわかりました。それは「幸せ」「幸福」「家族」という言葉でした。グループでの学びを終え、再び全体交流に戻した際に、それらの言葉が頻繁に出されていたわけが見えてきました。

グループ交流後、まずはミコを指名しました。ミコの父親はエアバッグの開発を行っており、安全性の確保とコストダウンの狭間のジレンマに悩んでいることが、配付済みの資料で語られていました。ミコの父親はインドでの勤務経験もあり、海外生産の実情も熟知している方です。そんな父親をもつミコが、今、一体何を考えているのかを聞いてみたかったのです。

ミコは提示された新聞記事を指差しながら語りはじめました。

「新聞の社長が記者会見で『非常にむずかしい決断だった』って言っている。それは人件費が上がっちゃったから…会社が生き残るための仕方なくの決断っていうことだと思う。本当は2500人を解雇なんてしたくなかったけど、仕方なくっていう意味なんだと思う」

新聞記事だけを読むと、〝親会社が生き残るために海外生産に舵をきったが、状況が変わったため、今度は親会社が残るために海外生産から撤退した〟という、ある意味ドライでシビアな内容として受け止めてしまいがちです。しかしミコはそこに、人間味をもたせながら読み取り、解釈を加えていたのです。解雇される人の思いや、それを決断しなければならなかった社長の苦しさなど、理想と現実の間で苦しむ人間の営みとして、この問題を捉えることができていたのでした。

このミコの発言には、非常に大きなインパクトがありました。教室からは、「なるほど…」「確かにそうだよなぁ…」「社長さんだっていやだったんだよね、きっと」など、頷きながらミコに同調する声が多く聞かれました。

そんななか、ユウスケが突然手を挙げました。ユウスケは人前で発言をすることが最も苦手な子であり、普段も前には出てこないタイプです。授業にはきちんと参加しているのですが、ほとんど発言をしないユウスケ。そんな彼が、突如として100名ほどの参観者がいる授業公開の場で手を挙げたのです。これは驚くべき光景でした。ユウスケは手を挙げたものの、なかなかうまく話すことができません。かなり緊張をしているようにも見えました。

「……えっと…えっと……トヨタが…トヨタが……」

沈黙が30秒ほど続きます。助け船を出すべきか、授業者の私もどうすべきか迷ったのですが、ここは待つことにしました。教室中の全員がユウスケを急かすことなく、静かに見守っています。「ユウスケがんばれ！」と言わんばかりの表情や姿勢で静かに応援し、耳を傾け、彼の言葉を待つことができています。私はそんな子どもたちの様子を見て、心の底から嬉しく思いました。

みんなの応援する気持ちに応えるかのように、ユウスケは新聞記事を指差しながら、必死に発言しはじめました。

「トヨタがオーストラリアの生産を17年末で撤退。……すぐ、撤退を発表すると、4000人のうちの2500人が困るっていうか…だから17年…」

ここまで絞り出した時点で、少しだけ助け船を出すことにしました。私は、「ユウスケが言いたいこと伝わった？」と小さな声で全員に問いかけました。

「うん！　わかったかも。急にやめちゃったら…」

「急に生活が送れなくなる！」

「だからすぐじゃなくて、3年間の猶予を設けてるんだ！」

「突然だと家族も困るもんね…時間が必要だよね」

子どもたちは日本においても海外においても、そこで働く人々の家族の幸せに注目していました。家族の幸せを大切にしなければならないという視点で考えていることがよく伝わる発言でした。先ほどのグループでの学びで聞こえてきた「幸せ」「幸福」「家族」などの言葉も、このような子どもたちの思考から生まれたものであったことがよくわかりました。

さまざまなつぶやきが聞こえるなかで、カズマが続けます。

「オーストラリアの人件費が上がったから、4500人の従業員のうち2500人が職を失う。これってやっぱりナナコが言ってたように、人はお金で動くってことなんだよね」

授業の中盤で、ナナコが自分の家族に起きている状況を赤裸々に語ったことが伏線となり、カズマの気づきを引き出しました。ここで一気につながりが見えてきたのでした。

そして授業の最後にユキオが語った言葉が何よりも印象的でした。

「日本で働く人、海外で働く人、両方にとって何かいい方法はないのかなぁ？　どちらもがハッピーになることって、できないのかなぁ？」

皆が幸せになれる方法を考えようとするユキオの発言には驚かされました。今回の授業の課題は「産業の空洞化」について考えること。しかし、子どもたちの学びはその枠組みをはるかに超えていたように感じます。こちらが意図した以上のことを、学び合いから感じ取ってくれたようでした。

国内生産と海外生産の狭間にあるジレンマを感じつつも、どちらがよいのかを議論するだけでは終わらず、そこで働くすべての人々の『家族の幸せ』を考え、〝どうすればよいのか？〟と考えられるようになっていたのです。

くり返しになりますが、社会科の教科目標は、公民としての資質・能力の育成をすることにあります。すべての人が幸福に生きられる世の中にしていくにはどうすべきか。それを追求して考えていくこともまた、公民としての資質・能力につながるものと考えています。最後のユキオの意見は、このような社会科の学びを具現化したものとなっており、とても意味深いものに感じられました。

社会的な課題を自国の事情だけで考えるのではなく、それに関わる他国のことも考慮しながら、皆にとって最善の結論を出そうとする姿勢。これはまさに、グローバル市民としての考え方でもあります。何気ない気づきからみんなに投げかけてくれたユキオの言葉は、社会のなかの自分を子どもたちが意識するためのヒントでもありました。

「よりよい世の中を築き上げていくためにはどうすればよいのか」。今回のような自動車工業の学習であっても、授業デザインや広げ方を工夫すれば、深い学びへと導くことができることを知りました。

聴いて学ぶプロセスの大切さを改めて感じた、思い出深い授業となりました。

第4章　活動のある学びをデザインする

かつて社会科は、「活動あって学びなし」「這いまわる経験主義」などと揶揄されていた時代がありました。それは活動自体が目的化された授業があまりにも多かったからだと思います。活動⇩まとめ・新聞づくり⇩発表会という流れが多かったのも事実だと思います。本章では、活動を取り入れつつも、単なる体験に終わることなく、学びを深めるにはどうすればよいかを考えながら実践した内容を紹介します。

「ごみ問題を考えよう〜コンビニのごみ箱を通して〜」（4年生）

共有の学び

「ごみ」をより身近に捉え、「ごみ問題」に関する共同的な学びを実践するため、まずは教科書から、私たちが出したごみの行方や清掃工場の働きなどについて「共有の学び」をしました。その後、市の資源循環課や環境事業センターの皆さんに来校いただき、現在茅ヶ崎市で実践しているごみを減らすためのさまざまな取り組

みや、分別の必要性についても、詳しく丁寧に教えていただくことになりました。

ごみに関わる仕事をされている皆さんから直接お話を聞くことができ、子どもたち自身も、ごみやごみ処理についてのイメージを少しずつ膨らませることができたようです。話を聞いているときの子どもたちの表情を見ていると、「ごみについて学びたい！」「もっと知りたい！」「なぜだろう？」「どうして？」というたくさんの学びの種が生まれていることがわかりました。

定められたごみの分別をしっかりと行うことは、責任をもって自分のごみと向き合うことでもあり、そうした一人ひとりの意識が、よりよい社会にしていくために必要であることにも気づけたようです。ごみ分別の重要さを切実に感じられたことで、子どもたちの興味・関心が一気に高まり、学びのスイッチが入ったように見受けられました。

これまでは、ごみの分別作業（燃えるごみ、燃えないごみ、ビン、缶など）を面倒に感じていたこともあったかもしれません。ごみはごみでも種類が違うのはなぜか。その意味までは、考えるきっかけがなかったかもしれません。しかし、今回の学びを通して、ごみを分別することの意味についても考えることができたようでした。

子どもたちの様子を見ていると、毎日の生活と密接に関わる「ごみ」の処理や分別というキーワードは、身近なものとして子どもたちの意欲を引き出せることがわかります。これを学びのテーマとして取り上げることで、社会の出来事を自分事として捉えるきっかけになるのではないかと感じました。

人が社会のなかで生活していれば、必ず何かしらの問題に直面します。問題を解決するためにはどうすればよいかを考えながら情報を活用したり、仲間と協力しあったりすることが、生きる力につながっていくのだと思います。変化の激しい時代においても、自らの考えをしっかりともち、協力しあいながら生きていく力を育てるためには、世の中で発生しているさまざまな問題に積極的に気づき、考えようとする姿勢がより重要になってくるはずです。

今回、ごみ分別の必要性や大切さを学んだことで、社会と自分のつながりをより強く意識することができたようです。それと同時に、よりよい社会の一員でありたいという想いも強まったように見受けられました。「ジャンプの学び」へと移行できそうな雰囲気が出てきたので、このタイミングで移すことにしました。

ジャンプの学び

子どもたちの思考をさらにジャンプさせるための資料として、コンビニのごみ箱が、最近（実践時）店内に設置されるケースが増えていることを示すデータを提示しました。

人が社会のなかで生きていれば必ず何かしらの問題に直面します。そうした問題を解決するためにはどうすればよいかを考えながら、情報を活用したり仲間と協力したりしながら生きていく力が必要となるのだと思います。これらの力を育てるためには、世の中で発生しているさまざまな問題に積極的に気づき、考えようとする姿勢がより重要になってくるはずです。では、今回子どもたちに提示した、コンビニのごみ箱が最近店内に設置されるケースが増えていることの何が問題なのか。何に気づき何を考えるべきなのか。まずはその点を子どもたちと一緒に少しずつ紐解きながら、徐々に「ジャンプの学び」へと移していくようにしていきました

（いきなりジャンプの学習課題を私から提示することも考えました。インパクトがある学習課題であれば、子どもたちの学びに向かうスイッチがすぐに入るからです。しかし、今回はあえて何が問題であるのかを探りながら発見していく学びのデザインとしてみました）。

配付された資料を見た子どもたちからは、最初は次のようなじつに子どもらしい考えが多く出てきました。また、その原因を気にしはじめる子どもたちも出てきました。

「そういえば、近所のコンビニもこの前までは店の外にごみ箱があったのに、最近は店内に設置されている」

「何があったのだろう？」

「中で買った商品のごみがすぐに捨てられるようにするためじゃない？」

「外の空気を汚さないためかも…」

「風でごみ箱が倒れるからじゃない？」

授業ではどのような考えも排除せずに受け止めるようにしています。すべての考えが深い学びへのスイッチになる可能性をもっていると思うからです。また、さまざまなものの見方・考え方があり、それを教室で交流するからおもしろさが出てくるともいえます。このような交流場面を授業のなかで頻繁に取り入れることで、物事を多面的に受け止め考える習慣が身についていくのではないかと考えています。

この日のグループ交流の時間も子どもらしい素朴な意見を出し合っていました。そんななか、それまでずっと黙っていたカオリがつぶやいたのです（本章で登場する児童の名前はすべて仮名）。

「関係がないものを捨てる人が多いからじゃないかな」

カオリは普段は物静かでおとなしい女の子だが、時として単元を貫くような学びの核となる発言をすることがしばしばある子です。コウタがカオリの発言につなげました。

「確かに地域のごみ集積場よりもコンビニの方が近いとそっちに捨ててしまうのかも」

ナミはその要因を自分なりに予想して発言をしました。

「家で出たごみが多くて地域の回収日まで待てなくてコンビニに捨てるのでは?」

グループ交流が終わり、全体での交流の時間にも、先ほどのカオリの「関係ないものを捨てる人がいる」という考えが起点となり話題が広がっていきました。

リンはやや強い口調で投げかけました。

「ばれなければいいと思っているのか!」

授業終盤、ミズキの次の発言はとくに印象的でした。

「めんどくさがり屋さんが多いのかも…」

全員が「うーん…」と静まり考えはじめました。子どもたちは真剣に考えはじめたのですが、現段階ではそれらは予想でしかありません。自由にいろいろな解釈をつくって考えを深めていくことも社会科のおもしろさの一つではありますが、予想で終わっては社会科の学びとはならないのだと思います。友だちの考えや意見をしっかり受け止めることと同時に、事実を正確に捉えて、そのうえで自分の考えを構築していく必要があります。その意味では、さらにここから事実を追究し深めていく必要があります。私の授業では調べる対象が遠方の場合は、私自身が現地に赴いて取材インタビューを行い、その内容を資料として子どもたちに提示することが多いのですが、今回は調べる対象が学区内ですので、4年生でも十分に調査可能です。

■自分たちで取材を行うことを通して

放課後にチームに分かれて学区内のコンビニ4店舗に対して取材を行うことにしました。考えるためには知識や情報が必要不可欠です。今回はその知識や情報を子どもたちが自ら取材して集めることとしました。また、複数の情報と比較しながら考えられるようグループを分け、別々の店舗へ取材を行うこととしました。

学校生活のなかで子どもたち一人ひとりが活躍する場をたくさんつくりたいと考えています。教室を出てインタビューをしに行くことを伝えると、「ぼくはインタビュー係やるよ」「私はメモをする係やるね」「じゃあ、僕はカメラで写真を撮る」など張り切って役割分担を決め、意欲的に取材に取り組もうとする姿勢が見受けられました。

算数・国語・体育・音楽・図工…子どもたちが活躍する場面はさまざまですが、この取材活動で大いに活躍した子もいます。こちらの想定以上のことを聞き出してきた子どもたちがたくさんいたのです（取材を通して子どもたちは驚くべき事実を知ることとなるのです）。

子どもたちが取材した店舗とごみ箱の設置状況は以下のとおりでした。

○ローソンE店：以前は店外に設置していたが、現在は店内に変更した。
○セブンイレブンN店：以前は店外に設置していたが、現在は店内に変更した。
○セブンイレブンH店：以前は店外に設置していたが、現在は店内に変更した。
○セブンイレブンE店：現在もなお店外に設置しているが、店内に移すことも検討中。

取材を通して子どもたちが知った事実は、コンビニのごみ箱に多くの家庭ごみが捨てられてしまうということ、そしてその対処としてやむを得ず店内にごみ箱を移すケースが多いということでした。しかも捨てられる家庭ごみのほとんどが分別されていない状態だといいます。

ここで他地域でも似たような状況があるのかを確認し、子どもたちに提示したいと考えました。そこで、元コンビニ店長であり現在はコンビニコンサルタントの業務に就いているMさんにインタビュー取材を行い、その内容を資料（次ページ）として子どもたちに提示してみました。

Mさんの資料を読んだり、それぞれのコンビニの調査報告をしたりするなかで、これまで何気なく目にしていたものが子どもたちのなかで少しずつつながっていくようでした。

ナツミが思い返すように語りはじめました。

「そういえば『家庭ごみはかたくお断りします』や『分別にご協力ください』っていうシールが貼ってあった気がする」

リョウスケも目撃談を語りはじめました。

「車から出てきた人が何も買わずに車内のごみを分別もせずにまとめて捨てているのを見たよ」

教室には子どもたちが困惑する空気が流れていきました。

■混沌とした矛盾と出会う

子どもたちは「共有の学び」の段階で、分別の大切さを知り、しっかりと取り組んでいこうと決意したのですが、コンビニのごみ箱のなかにはその真逆の現象が起きているのです。この事実をどう考えるか。このことを考えること自体がさらなる「ジャ

（資料）**コンビニコンサルタントMさんのお話①**

全国的にも店内にごみ箱を設置するケースが増えてきています。店内にごみ箱を設置する理由の一つは、家庭ごみを持ちこむ人が増えたことです。実際に私が店長時代感じたことは、明らかに当店で購入して出たごみではない物が多く捨てられているということです。例えば、違う店で売られている商品のごみであったり、大量のビールの缶、２リットルのペットボトルなど、購入してすぐにごみとして捨てられることの無いごみが多く捨てられてました。中にはガス缶やカサのざんがいなど、いかにも家庭で捨てることが面倒な物まであったくらいです。

（資料）**コンビニコンサルタントMさんのお話②**

家庭ごみが多く捨てられることで、すぐにごみがたまり、ごみ袋のこうかんの回数が増えます。しかし、店外にごみ箱を設置していれば、ごみがたまっていても気づかなかったり、ちょうどピーク時で確認のために外に出ることができず、ごみ袋をこうかんするタイミングがなかったりするときがあります。そうなるとしばらくは、ごみ箱がごみでいっぱいの状態のまま放置しなければならなくなります。当店で購入した商品のごみを捨てたくても捨てられない状況が発生し、本当にごみ箱を必要としているお客様に迷惑をかけてしまう可能性が高いのです。ですので、店内に設置することで店員からの目を気にし、家庭ごみを持ち込みにくくすることを目的としたのです。

ンプの学び」になるのではないかと私は思っています。

授業を続けるなかで、子どもたちからは憤りの声も出てきました。

「ルールを守っていない大人が多いのはどういうことか」

「この前来てくれた市の作業員さんたちの思いを踏みにじっている」

そんななか、ミユキが発した次の一言はさらに子どもたちが考え深めていくきっかけとなりました。

「市の分別のルールが厳しすぎるからこのようなことが起きているんじゃないかな…。分別がめんどくさいから、コンビニに捨てちゃえみたいな…」

確かに近年、市では環境への配慮や資源物の有効利用などの観点から、ごみの分別分類がかなり細かく規定されるようになりました。実際「これは何ごみで捨てればいいのかな？」と判断に迷う場面も多々あります。市のホームページでは五〇音順にごみの分類を検索できるシステムが用意されているのですが、ミユキが言うように、厳しいルール化がかえって煩わしさを招き、その結果が反動としてコンビニのごみ箱が逃げ道として使われるようになったのではないかと考えることもできるのです。このことに子どもたちは気づいていったのです。

ミユキの発言は、子どもたちがさらに取材活動を続ける意欲にもつながりました。

「店内に移した結果どうなった？」

「改善されただろうか？」

「家庭ごみは持ち込まれなくなった？」

「分別はされるようになった？」

子どもたちは取材を続行していくことを決めました。放課後には何度もコンビニに通い取材をしてくる子がたくさん出てきました。調べずにはいられない。なんとかこの謎を究明したい。そんな思いで、子どもたちは取材を続けていたのだと思います。

取材を通してさらに明らかになったことは、店内に設置していても、いまだに分別されていない家庭ごみがあとを絶たないことや、そのように捨てられた家庭ごみは、コンビニの店員さんの手作業によって分別されているという事実でした。また、店内にごみ箱を設置する以上、悪臭対策も行わなければならないという重なるデメリットも見えてきました。

そんななか、コウタが疑問を投げかけました。

「コンビニに捨てる人は、いけないことだとわかって捨てているのか、それともいけないことだと知らずに捨てているのか、どっちなの？」

この問いかけに対して多くの子が、「いけないことだとわかって捨てている」と返したのですが、ユウコだけは違っていました。

「人のことを考えてない自分勝手な人は、だめなことだということすら気づいてないんじゃないかな…」

このユウコが出した「自分勝手な人」というワードが、子どもたちの視点を次のステップへと向かわせました。世の中をよりよくするためにはどうすればよいのかという、公民的な資質につながる視点です。

▩よりよい社会を築くために

ユウコの「自分勝手な人」というワードを受けて、ケイスケが問いかけました。

「自分勝手な人はどうしてコンビニに家庭ごみを捨てちゃうんだろう?」

この問いかけに多くの子どもたちが反応しました。

「めんどくさいから」

「ばれなきゃいいと思ってるから」

「人が見てなければいいと思ってるから」

「ルールを破ることがかっこいいと思ってるから」

「ルールのことなど気にせず生活しているから」

子どもたちは人間の心の弱さを次々とあげていきました。さらにヨウタが言った次のひと言は子どもたちをハッとさせました。

「ポイ捨ても同じだと思う」

このヨウタの発言は子どもたちに2カ月前の学習を思い返るものでした。2カ月前（ごみの学習に入る前）、社会科では「安全な街づくり」の学習を行っていました。私たちの暮らす街はどのようにして安心安全が守られているのかを探るため、何度も学区探検に出かけたのです。安全面を探るために出かけたのですが、多くの子どもたちがポイ捨てや不法投棄の多さを気にしていたのです。とくにたばこのポイ捨ての多さは驚きました。これほど歩きたばこや喫煙者へのマナーが叫ばれるようになった今もなお、ものすごい量の吸い殻がポイ捨てされているのです。

子どもたちはコンビニへの家庭ごみをもち込む人の心の内を分析することで、2カ月前のポイ捨てや不法投棄への疑問とつながった瞬間でもありました。

よく社会科は「社会のなかで生きる人間の姿を学ぶ教科だ」と言われることがあります。教科書では、そんな人間の努力や工夫などプラスの側面を学ぶことがほとんどですが、今回のごみの学習では、人間のマイナスな側面にも目を向けていく結果となりました。子どもたちが自ら社会的事象の意味を考え、判断し、よりよい世の中を築こうとする態度を育てていくには、このようなマイナスな側面にも目を背けずに向き合わせていく必要があるのかもしれません。

子どもたちは、「市の分別ルールを緩和したほうがいいのか」や「ルールをちゃんと守っている多くの人たちの思いはどうなるのか」など混沌としたジレンマに陥りながら迷いはじめました。

子どもたちは、ごみ問題だけに目を向けるのではなく、「よりよい社会を築いていくにはどうすればいいのか」という大きな枠組みで考えはじめました。子どもたちが導き出した一つの結論は、「自分一人くらいルールを破ってもいいや」という考え方が根底にあるのではないかということでした。コンビニに家庭ごみを捨てる人も、頭では捨ててはいけないことをわかっているが、「自分一人くらいならいいのでは」と思ってしまう心の弱さではないかという考えにたどり着いたのです。

よりよい社会を築いていくには、一人ひとりが社会の一員として、市民としてどのように行動し振る舞わなければならないかを、コンビニのごみ箱問題を通して、考えるきっかけとなる単元でもありました。

第5章 世界に目を向ける学びのデザイン

6年生の公民分野では世界に目を向ける学習が設定されています。むずかしいのは、世界の遠い国で起きている出来事を、いかに身近に、自分事として、そして切実さをもって考えるかということだと思います。また、その対象を学んでみたいというスイッチをうまく入れなければ、自分たちの実生活とかけ離れた内容に興味が薄れていってしまいます。本章では世界に目を向ける学びを二つの実践を通して考えていきたいと思います。

1 「世界の中の日本～ルワンダ大虐殺から学ぶこととは～」(6年生)
―ルダシングワ真美さんの思いを通して考えよう―

社会科では、「人」に着目して授業を進めています。6年生では「歴史分野」と「公民分野」の2つを学習しますが、どちらにおいても「人」を主軸とした学びのデザインをとっています。歴史分野の学習では、歴史の「ターニングポイント」や「人物の決断」にクローズアップして、人物の行動の意味を感じ考える授業を心がけています。公民分野においても同じく「人」を主軸として授業を構成するようにしています。

今回は公民分野の最終単元「世界の人々とともに生きる」の学びについて紹介します。この単元の主なねらいは、「世界で起きている問題の解決に向けて日本の人々がどのように関わっているかについて考える」「すべての人の人権が尊重され、だれもが安心して生き生きと暮らすことのできる社会の実現に向けて、国際社会の一員として協力することの大切さを考える」という2点です。これらのねらいを達成するための題材設定と学びのデザインについて紹介していきたいと思います。

2019（令和元）年の冬休みに私はDVDで2本の映画を観ました。1本目は『ルワンダの涙』、2本目は『ホテル・ルワンダ』という作品です。この2本は1994年のルワンダ大虐殺を描いたものです。

なぜこの2本を観ようと思ったのかというと、6年生の社会科の最後の単元「世界の人々とともに生きる」の学習で、ルダシングワ真美さんという人物を題材にして授業をしていこうという構想があったからです。真美さんは神奈川県茅ヶ崎市出身で現在はルワンダで義足をつくる活動をされています。1994年ルワンダでは多くの人々が虐殺によって命を落としました。また、命こそ助かったものの、紛争により手足を失った人も多くいます。そんな人々のために真美さんは義足をつくっています。その真美さんに直接学校に来ていただき、話をしていただく機会を設定してもらったのです。今回の社会科の学習では、そんな真美さんの活動を通して、世界に目を向けていくという学びのデザインとしました。

真美さんから直接お話を聞く前に、子どもたちと事前学習を行い真美さんからのお話をより切実に感じられるようにしたいという思いが湧いてきました。この2本の映画を子どもたちと一緒に鑑賞できればと思いDVDを購入したのですが、実際冬休み中に観てみたところ、授業で取り扱う映像素材としてはとても厳しいものでした。内容や映し出されているシーンはとても衝撃的なもので、子どもたちと一緒に観るには、かなりの準備と勇気が必要なものでした。結局、子どもたちと観ることは断念しました。ですが、私自身この2作品を観たことで、子どもたちとともにルワンダのことを学び深めたいという思いがよりいっそう高まりました。

何か子どもたちとルワンダについて学べる教材はないかと考えをめぐらせていたときに、ふと絵本はどうだろうかと思いました。というのも、この年のクラスでは、総合的な学習の時間で動物の殺処分について学習していたのですが、さまざまな教材を提示しながら授業を進めたなか、子どもたちの学びのスイッチが最も入ったのが絵本だったのです。

人物から話を聞くことで、教科書には載っていない事実や情報などを知識として学ぶことができると同時に、その人の思いにふれることで学びを深めていくことができると思います。ただまったくの未知の分野、未知の学習対象の場合いきなり関連人物から話を聞くのは、少し効果が薄いのかなと感じています。

まずはこの学習をしてみたいと思うスイッチを入れてからのほうが、人物から話を聞く効果はあるのかなと最近は思っています。そのスイッチの入れ方として、この年のわがクラスの子どもたちの場合、絵本というツールがピタッとはまっているようなのです。そこで何かルワンダのことを学べる絵本はないかなと最寄りの書店やリサイクル店、ネット書店などを探しまわったところ、『希望の義足』(著:こやま峰子、絵:藤本四郎)という絵本を見つけました。なんと真美さんの活動が絵本になっていたのです。見つけた瞬間ちょっと興奮しました。まずはこの絵本を使って、ルワンダのこと、真美さんの活動の全体像を捉えていくこととしました。

その後、より具体的に学んでいくための教材として、『義足と歩む　ルワンダに生きる日本人義肢装具士』(著:松島恵利子)、『悲劇のルワンダ　希望の義足』(編:NHKプロジェクトX制作班)などの書籍や、ルワンダにいる真美さんと直接メールでやり取りさせていただきながら、その内容をもとに資料を作成し、子どもたちに提示していきました。

学習の具体としては、まずは「ルワンダ大虐殺」についてその背景や、内容を学んでいきました。その際、映像や写真などの取り扱いには細心の注意を払いました。世に出回っている映像資料や写真は、残虐なシーンがあまりにも多すぎるため、資料選びにはたいへん苦心しました。その後、真美さんの活動を通してルワンダの現状を学ぶ流れをとっていきました。そのなかで真美さんの思いや、悩み、葛藤などにも目を向け、それらについてクラスみんなで考えるようにしていきました。実際「社会的見方・考え方」を身につけさせるには、用語の暗記ではなく、この社会を形成している人々の〝思い〟を感じ取り、そこから考えを深め広げていくことが大切だと考えます。

社会の営みに「絶対的な正解」はありません。だからこそ人は工夫をし、努力をし、葛藤をするのだと思います。そんな人々の〝思い〟にふれながら、正解のない問題をクラスみんなで考えていくようにしています。「ジャンプの学び」としては、真美さんの抱いたジレンマにストレートに向き合っていくこととしました。今回の単元で試みたさまざまな「ジャンプの学び」についてはのちほど詳しく記しますが、ここでは一つの事例を簡単に紹介します。

ジェノサイド収束後、真美さんが経験した出来事の一つを題材としました。真美さんは現地で、ジェノサイドによって足を失った人のために義足をつくる活動に励んでいました。そんななか、ある日、虐殺を行った側（フツ族）の人が義足の提供を求めてきたのです。真美さんは、義足を提供すべきかどうか悩みました。このエピソードを提示し、「虐殺をした側の人にも義足を提供すべきか？」という発問から入りました。またそれらを考えることを通して、「平和を築くとはどういうことか」という思考に入れていくようにしました。その際、道徳的な思考に偏りすぎないよう、客観的データや、現地の人々の声、真美さんからの手紙などさまざまな資料を、状況に応じて随時提示し、子どもたちの思考を揺さぶりながら、国際社会を生きるうえでの倫理としての学びを深めるようにしていきました。最後に真美さんからのメールを紹介し、被害者と加害者がともに暮らしていくために、現在のルワンダの人々がどのような心もちで生活しているのかを学んでいきました。

本学習の終末は、その真美さんに直接学校に来て話をしていただくことを通して、学びを深めていくという構想で進めていました。しかし残念なことが…実際は2020年3月に来校いただくことになっていたのですが、新型コロナウイルス感染症拡大の影響で学校が臨時休校となり、残念ながら中止となってしまいました。

子どもたちは、臨時休校となり自宅待機となりましたが、日本に帰国されていた真美さんには実際に学校に来ていただき話をうかがうことができました。真美さんからお聞きした話をプリントにまとめたものと、真美さんから子どもたちへのビデオメッセージをＤＶＤにして、なんとか実施することができた卒業式の日に子どもたちに配付することとなりました。

■授業の実際

ここからは子どもたちの様子を交えながら、実際の学びの風景を紹介していきたいと思います。

共有の学び

①絵本でルワンダ大虐殺と真美さんの活動の概要を知る

まずは、先にご紹介した絵本『希望の義足』を使って授業を行いました。この絵本では真美さんの活動や、ルワンダで起きた悲しい出来事に関する概要を学ぶことができます。過激な絵は使用されていないので、小学生がルワンダの大虐殺を学ぶうえでの教材としては非常に導入しやすいものでした。子どもたちには私が読み聞かせをする形をとり、内容を直接言葉で伝えていきました。絵本では大まかなストーリーとして描かれているのですが、子どもたちが感じ取ったものはとても多かったように感じられました。

「こんな出来事があったなんて…今まで全然知らなかった…」

「フツ族とツチ族、同じルワンダ人同士が殺し合うなんて悲しいな…」

「でも長年虐げられてきたフツ族の恨みや気持ちも、わからなくもないんだよなぁ…」

「ルワンダ人という同じ国の人々がバラバラになってしまったんだね…」

「もともとは仲の良かった国民同士だったのに…残念だな…」

「フツ族は何の罰も受けなかったのかな？　ひどいことをしたのに…」

「どうしてこんなことに…」

やはり、子どもたちにとって一番の衝撃だったのは、同じ国民同士で起こってしまった虐殺でした。絵本では虐殺に至った背景まではそれほど詳しく描かれていません。しかし子どもたちは、なぜこのような悲惨な出来事が起きたのかということに興味を示しはじめました。

いつもならば、このように子どもたちが興味を示した段階で、コンピューター室に行き、インターネットを活用して情報収集をしてみようという流れになるのですが、今回はあえてその方法はとりませんでし

ガテラ・ルダシングワ・エマニュエル
１９５４年、ルワンダ共和国生まれ。

幼い頃、治療ミスのため右足が麻痺し、障害者の施設で育つ。

１９８０年代、ルワンダの紛争を避けるためにケニアに逃れ、アフリカ民芸品を卸しながら過ごし、パートナーの吉田真美と出会う。

１９９４年のルワンダ大虐殺終結後、ルワンダに戻り、１９９５年大虐殺後のルワンダを調査し、１９９６年真美と共にNGOムリンディ・ジャパン・ワンラブ・プロジェクトを設立。

翌年には首都キガリ市に義肢製作所を設け、義肢装具の製作、義肢装具士の育成、障害者スポーツの普及などの活動を進めている。２０００年シドニーパラリンピックにルワンダの障害者を参加させた。

２００７年にはブルンジの首都ブジュンブラにも義肢製作所を開き、同様の活動を行なっている。

現ルワンダ・ブルンジ事務所代表。

ルダシングワ（吉田）真美
１９６３年神奈川県茅ヶ崎市生まれ。

英語の専門学校卒業後、約６年間ＯＬをする。

１９８９年ケニア・ナイロビにあるスワヒリ語学校に半年間留学し、その後東アフリカを旅行中に、パートナーのガテラと出会い、ルワンダ大虐殺やルワンダの障害者の状況を聞き、義肢装具士になることを決意、１９９２年より横浜の義肢製作所に弟子入りし、修業をする。

１９９６年ガテラ氏と共にムリンディ・ジャパン・ワンラブ・プロジェクトを設立。

２００７年静岡アビリンピック大会（障害者の職業技能を競い合う大会）、２０１１年ソウルアビリンピック大会などにルワンダの障害者を参加させた。

出所：「ムリンディ／ジャパン・ワンラブプロジェクト」ウェブサイトより

た。というのも、冒頭でお伝えしたとおり、ネット上で閲覧できるルワンダ大虐殺に関する資料は、小学生にはあまりにも残酷かつ残虐な写真や映像がたくさんあり、子どもたちに見せるべきではないようなものもたくさん含まれていると感じたからです。今回は授業者のほうで、見せられる範囲での写真を選び、資料として提示することにしました。また、数値データなどの客観的資料を与えて、データから悲惨さを読み解くような工夫もしました。

子どもたちの多くは、真美さん自身や、真美さんの夫のガテラさんにも興味を抱き、現地での生活環境を心配したりしていました。

「あのさ…大虐殺が行われていた国に行くのって怖くないの?」

「ガテラさんとの出会いが大きな影響を与えたんだね」

「でも、危険な国に行くのって、絶対に不安があったはずだと思うけど…」

「怖さよりも苦しむ人を助けたいという気持ちのほうが強かったのかもね」

このように、真美さんやガテラさんのことを思い、自分たちなりに考えた発言が増えてきました。そしてこんな疑問も出てきました。

「でも、そこまでしてルワンダで義足をつくる決意って、一体どうやって湧いてきたんだろう？　それほどの影響を与えたガテラさんって、どんな人なんだろう？」

子どもたちは1冊の絵本を通して、真美さん、ガテラさん、そしてルワンダでの悲しい出来事に思いをめぐらせ、「なぜ？」「どうして？」という疑問でいっぱいになっていました。知りたいことがたくさん見つかると一気に学ぶ意欲が高まります。この瞬間に「学んでみたい！」というスイッチが入ることが多いのです。今回はやはり絵本による導入が成功だったようで、子どもたちの表情や口調からも学びのスイッチが入った瞬間を感じることができました。

ここからはさらに深い学びに入ります。学ぶ意欲が十分に高まった子どもたちの興味や関心を維持できるように、より具体的な学びのヒントを与える必要がありました。ここからは新たな資料として書籍（『義足と歩む　ルワンダに生きる日本人義肢装具士』『悲劇のルワンダ　希望の義足』）や真美さんからいただいたメールを提示し、考察を深めていくことにしました。

共有の学び　②真美さんの人生について考えよう

私の社会科の学習では「人」を知り「人」について学ぶことを大切にしています。「人」を知るためには、人柄や人物像だけでなく、その人が歩んできた道のり（歴史）などにも思いをめぐらし、その人の人生そのものに寄り添い考えていく必要があります。このステップにより学びが一層深まっていくことを感じています。

先程紹介した書籍や真美さんとのメールは、まさに真美さんという人物を理解するうえで重要な資料でし

（提示した資料の概略）1989年、26歳だった吉田真美さんは実生活が上手くいかず、自分を変えようとケニアに留学しました。そこでのある男性との出会いが、彼女の人生を変えたのでした。ルワンダ人のガテラ・ルダシングワさん。彼の優しさは真美さんの心に刻まれました。そして帰国後、ガテラさんと手紙で彼の祖国ルワンダの現状を知りました。ルワンダではツチ族とフツ族が激しく対立し、多くの人が国を追われていたのです。そんなルワンダに尽くしたい。彼の強い思いが手紙にはありました。

1991年、ガテラさんが日本に来たとき、彼の義足が壊れたのです。隣町の義足工場で直してもらうとその精巧さにガテラさんは驚きました。そして、真美さんはガテさんの足を作ってあげたいと思ったのです。彼を見送った後、すぐに会社を辞め義足工場で修行をしました。ガテラさんとの繋がりは手紙だけでしたが、真美さんは必死に打ち込みました。

その4年後、ルワンダでフツ族がツチ族を80万人以上大虐殺する内戦が起きたのです。内戦が収束した後、真美さんはルワンダに訪れました。そこには内戦で手足を失った人たちが80万人もいました。国民の10%もの人が手足に障害を持っている現状では国を再建できない。すぐに日本に戻り、200万円もの寄付金と60本の中古の義足をかき集めました。ガテラさんは政府に乗り込み工房を作り直し、スタッフも集め、1997年7月、義足工場がついにオープンしたのです。真美さんは日々、工房のメンバーに義足作りを教えました。1年余りで80本を作り上げたのです。目指すは手足を失った80万人への無償提供。国づくりへの力となるよう願いを込めての活動でした。

た。資料を通して、子どもたちには真美さんの生き様を探ってもらいたいと考えましたので、提示した資料はかなりの量となりました。ここではその概略のみ掲載しておきます。イメージをつかんでいただければ幸いです。

子どもたちは「ガテラさんとの出会い」「義肢装具士となる決意」「大虐殺を通しての心の変化」などを知り、真美さんの人生について考えを深めていきました。子どもたちからは非常に多くの意見がでましたが、ここではいくつか抜粋して紹介します。

「ガテラさんとの出会いが人生を変えたんだね」

「ガテラさんの故郷を見捨てたくないっていう気持ちが、とてもよくわかるなぁ」

「真美さんがルワンダにずっといることにしたのは、もともとはルワンダのためというより、ガテラさんのためだったのかもしれないね…」

「大虐殺の残酷さには本当にショックを受けたと思う」

「多くの死体を見て、ルワンダのためにっていう思いに変化していったのかもね」

「ほかの国のことなんてあまり考えない日本人が多いのに、真美さんはすごい！」

「行動力がすごすぎる！　かっこいいね！」

このように、子どもたちからはさまざまな意見が出されました。発言を数え上げてみると、26人の学級のなかから、なんと50近くの発言が現れていたのでした。子どもたちの学びのスイッチがしっかりと入っており、夢中になって学ぶモードがしっかりと整ったところで「ジャンプの学び」へと移行していきます。

ジャンプの学び　①誰に義足を提供するべきか～真美さんの決断を吟味しよう～

真美さんたちの義足づくりを知った多くのルワンダの人々が、工房前に義足を求めて行列をつくるようになりました。しかし、つくれる義足の数には限りがあります。必然的に、提供する人／しない人の選別をしなくてはなりません。悩んだ末に真美さんとガテラさんは「一家を支える働き手」、そして「国づくりの先頭に立つ若者」を優先することにしました。

この決断を子どもたちはどう考えるのか、問いかけてみたところ、最初は子どもたちの多くが真美さんとガテラさんの決断に賛同していました。

「やっぱり、義足の本数には限りがあるからね、優先順位を決めないといけないよね」

「確かに、一家を支える親世代に義足があれば、その家族も助かるよね」

「国を復興させるためには、やっぱり真美さんたちの決断が正しいと思う」

「人々の暮らしのことを考えた決断だったんだね」

しかしその一方で、疑問を投げかける子どもたちもいました。

「子どもにも必要じゃない？　だって義足があれば学校に行けるもん。子どもにもあげたほうがいいんじゃないかなぁ…」

「お年寄りだって欲しいよね。もう一度自分の足で歩きたいって思っているんじゃないかなぁ…」

「後回しになってしまう人からの不満が出ないようにしないとね」

「確かに！　義足をもらえるかもらえないかで、また争いになったら困る！」

「一人ひとりに思いを聞いて、本当に必要な人にあげるのが一番いいんじゃないかな…」

ここで「必要な人にあげる」というキーワードが出てきたので、この瞬間に次のジャンプの課題を提示することにしました。

真美さんは自分たちの決断に従って、ある女性のために義足をつくりました。家族のために働きたいと願う30代の女性でした。しかし真美さんは、ある日、街で衝撃の光景を目にすることになります。なんとその女性は真美さんが提供した義足を投げ出し、物乞いをしているのでした。真美さんは「義足を必要としている人はほかにも大勢いるのに！　履かないのであれば返してほしい！」と苛立ちを覚えました。しかしその女性は、「働きたいけど仕事がないのよ。仕方ないじゃない。義足があるとお金を恵んでもらえないんだから…」と答えたのです。このエピソードを子どもたちがどう感じ、どう捉えるのかというのが、次のジャンプの課題です。

子どもたちの多くはこの厳しいルワンダの現実を知り、なかなか言葉が出てきませんでした。しかし次第に、物乞いをした女性の気持ちに寄り添うような考えも出はじめたのです。

「かわいそうだよね…物乞いをしたくてやってるんじゃないんだから…」

ルダシングワ真美さんからのメール

Q：当時と今の障害を持った方々の就業の様子を教えていただけますでしょうか？

A：⇒6年4組の皆さんこんにちは。
ご質問の件ですが、現状として、義足を手に入れ、履いただけでは仕事に就くことは難しいです。それは今も昔もあまり変わっていないように感じます。なぜならば障害を負った人は、学ぶ機会も少なく、学歴がない。あるいは手に職のある人も少ないため、どうしても仕事が得にくい状況があります。また障害者を雇用するということについても、日本も同様ですが、障害があるということだけで、その人の能力を見ず、健常者を優先的に雇う傾向は残っています。障害者の中には、小学校も出られなかった人も少なからずいて、簡単な計算ができなかったり、文字の読み書きが難しい人も多いです。但し現在は小学校が義務教育となり、昔よりは教育を受ける機会が増えたと思います。だから少しずつ障害者の立場がこれから変わっていけば良いなと願っています。

またこれは本当に現実なのですが、義足を受け取った時は仕事を見つけるという意欲を持っていた人も、現実に直面し、仕事が得られない。だからそのまま物乞いを続けざるを得ない状況も多いです。ルワンダの人はそういう物乞いをする人に、比較的お金を渡します。助け合いの精神から来るものです。持っている者が、持たざる者を助けるという気持ちですね。それ故、仕事をしなくても物乞いで生活ができてしまう状況があります。だからそのまま物乞いを続けてしまうということもあります。

しかしながら彼らも人に頼る、物乞いをして生きることを良しとは思っていません。できることならば自分で稼ぎたい、その稼ぎで家族を支えたいと思っている人が多いのも事実です。私たちはそんな彼らに自立する手段を、これからも提供していけたらと思っています。（ルダシングワ真美）

「仕事がしたくても障害があるっていう理由で雇ってもらえないのかな…」

「義足は欲しいけど、義足があったら雇ってもらえないから…だなんて…」

ここで、ルワンダにおける障害者の雇用状況に関心を寄せる子どもが多くみられるようになりました。

「ねえ、障害をもった人たちってどれくらい仕事に就けたんだろう？」

「当時と今とでは、何か変わってきたことがあるのかなぁ？」

子どもたちから出た疑問を、真美さんにメールで問い合わせてみることにしました。するとすぐに次ページに示すメールが返ってきました。

子どもたちにはメールをいただいた翌日に真美さんからのメールを紹介しました。ルワンダの依然として厳しい障害者をめぐる現状を知ると同時に、真美さんたちは国の復興のため、そして障害を負った人々の自立のために、願いを込めて活動しているのだ、ということをあらためて認識することができました。メールを通して生の声を聞けるという体験は、子どもたちを深い学びへと導いてくれたように感じました。

ジャンプの学び ②虐殺をした側の人にも義足を提供するべきか？

ここでは、この「ジャンプの学び」②について、子どもたちの様子を交えながら詳しくお伝えしたいと思います。まずは、今回の「ジャンプの学び」で使用した資料について説明していきます。

子どもたちには次ページのような資料を提示しました。「虐殺をした側の人にも義足を提供するべきか？」の問いかけが、今回の「ジャンプの学び」のテーマです。前回までの学習では、真美さんたちは義足の数には限りがあるので「働き盛りの人」「国づくりのための力になる人」を優先して義足を提供する決断をしたということを学びました。最初はその決断に賛同した様子も見受けられましたが、次第に子どもたちからは、一人ひとりから話を聞いて義足がより必要な人に提供すべきなのではないかという意見も出てきました。そこで、今回の資料を提示することによって、真美さんのジレンマを追体験すると同時に、前回出された考え（一人ひとりから話を聞いて、より義足を必要としている人に提供すべき）が、虐殺を行った側の人にも当てはまるのかという点について考えていくことにしました。

まずは、子どもたちの現在の思考の様子を視覚化するために、いつものマトリクスボードを用意しました。横軸には真美さんたちの決断である「働き盛りの人・国づくりのための力になる人を優先すべき」という考え方と、子どもたちから出た「一人ひとりから話を聞いて、より義足を必要としている人に提供すべき」という考え方を示しています。いっぽう、縦軸は、今回の資料を受けて「虐殺を行った側にも提供すべきなのか否か」「被害者のみに提供すべきなのではないか」という真逆の考えを配置しています。どちらの場合もマトリ

（提示した資料の概略）ある日、真美さんのところに虐殺を行った側（フツ族）の人たちが数名来ました。どの人も足を失っていたり、障害を抱えていたりしました。ルワンダ大虐殺では１００万人以上の人が命を落とし、８０万人以上の人が手足を失いましたが、その人数の中には、虐殺を行った側の人も少数ではありますが含まれています。虐殺を行った側の人も地雷などによって手足を失った人がいるのです。彼らは「自分たちにも義足を提供してほしい」と言うのです。真美さんは「罪もない人たちを傷つけたり、命を奪ったりした人に、どうして貴重な義足を提供しなきゃいけないの？」と戸惑いました。義足づくりのスタッフの中には、虐殺で家族や友だちを殺された人もいました。虐殺をした人たちに義足を提供すべきなのか、真美さんはとても悩み苦しみました。

クス内の位置で思考がどのように傾いているのかを確認できるようになっています。

とてもむずかしい問題ですので、悩んでいる様子の子どもも多くみられました。ひとまず現段階での考えとして、各自名前マグネットを貼ってもらいました。すると、上半分のセクションが多くなりました。これは虐殺を行った側の人にも義足を提供すべきという考えを示しており、全体を比較してみるとこちらの考えのほうが若干多い結果となりました（次ページ参照）。

個人の考えを表明したあとは、グループでの話し合いに移行します。現段階での考えを交流しながら深め合う時間をとりました。名前マグネットを貼る際には首を傾けながら悩んでいる子も見受けられましたが、グループで話をしていくなかで、少しずつ考えが整理されているようでもありました。

グループでの活動後に全体に戻してみると、驚くべき光景が見られました。ほぼ全員の子が手を挙げていたのです。この学年でのクラスが始まった直後の4月は、何に対しても「えー」「いやだー」「めんどくさーい」「やりたくなーい」が口癖の子が多く、全体の雰囲気としても学びに対してなかなか前向きになれない様子でした。しかし、1年かけて少しずつ耕し、種をまき、水をやってきたものが、ようやく芽が出てきたようで、これほどまでに積極的な姿勢を見せてくれたことを嬉しく思いました。この授業当日は授業研究日ということもあり、いつも以上に子どもたちもがんばろうとしていたのかもしれません。担任の私が困らないように自分たちが発言しなければという子どもたちのやさしさでもあったのかもしれません。子どもたちの成長と気遣いを間近で感じ、授業中ではありましたが思わず涙が出そうになりました。

さて、ここからは全体での話し合いの様子を紹介していきます。

まずはカズトを指名することにしました（本章に登場する児童の名前はすべて仮名）。カズトは非常に繊細な子で、それゆえに傷つきやすく不安定なことも多い子です。しかし学びのスイッチが入ると、ほかの子にはない着眼点で物事を考えられたり、物事の本質を捉えるような見方ができる長所があります。そんなカズトが勢いよく手を挙げていたので、彼がどのような考えを自分なりに導き出したのかを聞いてみたくなりました。クラス全体でカズトの考えに耳を傾け、認めることで、カズトのなかにある自己肯定感を高めたいとも思いました。また、カズトだけでなく、クラスの子どもたち全員で一緒に学ぼうとする教室での〝気持ちづくり〟を整える必要もありましたので、一番に彼を指名しました。カズトは淡々と語りはじめました。

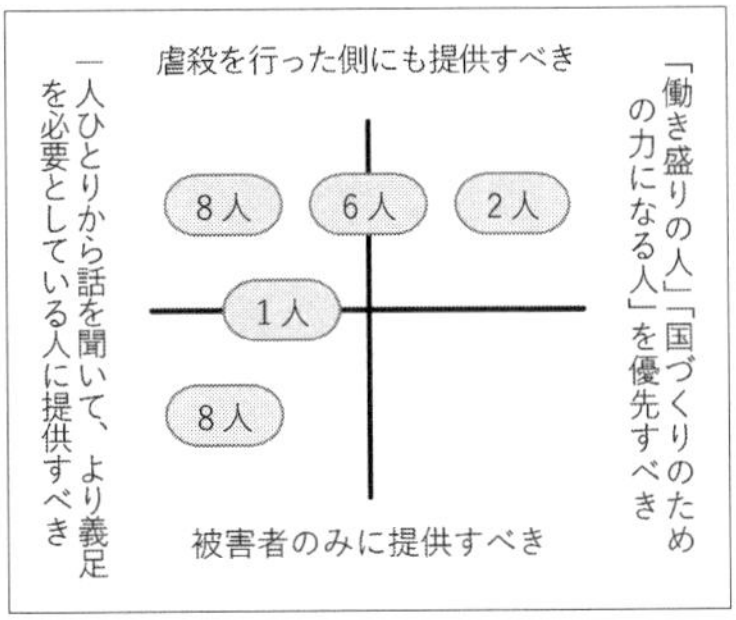

「虐殺をした側のフツ族にも義足を提供してあげてもいいと思う。みんな困っているんだから。それに、ガテラさんの言葉に〝みんな同じルワンダ人です〟という言葉があるじゃん。だから区別する必要はないんじゃないかな…」

以前の資料のなかに出てきたガテラさんの言葉を思い出し、カズトは発言してくれたのでした。その資料のなかでガテラさんは次のように語っています。

「ルワンダに生きるものはみんなルワンダ人です。国の復興に民族の区別など必要ないのです」

虐殺を行った側にも提供すべき

「働き盛りの人」「国づくりのための力になる人」を優先すべき

一人ひとりから話を聞いて、より義足を必要としている人に提供すべき

8人　6人　2人

1人

8人

被害者のみに提供すべき

とても深い言葉ですが、じつは今回の学習において迷ったのがこの言葉をどのように提示するかということでした。ガテラさんの言葉をどの程度クローズアップするのかで、子どもたちの考えに大きな影響を与えると感じたからです。真美さんの話は、ある意味では日本人の目から見たルワンダの話です。いっぽうで、ルワンダ人であるガテラさんの話は、ルワンダ人の生の声、つまり当事者の声ということになります。思考が深まっていくよりも前の段階でこの発言を強調して紹介してしまうと、「ルワンダ人がそう言ってるんだからそれが正解なんでしょ」「そう思ってるならそれでいいんじゃない」という流れになってしまい、それ以上は考察が進まないのではないかと危惧しました。この点において、授業者の立場としてはカズトの発言がクラス全体の意見に大きく影響してしまうのではないかと少々焦ってしまいました。しかし、そんな心配は無用でした。こちらが思っていた以上に子どもたちは多様な考えをもっていたのです。経験したこともない、見たこともない、今まで想像したこともない。そんなまったく未知の出来事について思考をめぐらせているので、いろいろな考えが溢れ出ていく様子も見られました。カズトの言葉を聞いていたミキが話をつなげました。

「私も提供してあげたほうがいいと思うんだよね。だって、民族なんて関係なく障害をもった人はみんな同じ気持ちだと思うから…」

じつはミキも傷つきやすく、精神的に不安定なことが多い子です。友だち関係に悩み、ときには自らを傷つけ、家で暴れてしまうこともあるようでした。その子がこのルワンダの学びに対して意欲的に取り組み、自信をもって自分の考えをみんなに伝えていることに、担任教師としても嬉しさを感じました。ミキが冷静に自分の考えをまとめて伝えることができたのは、周りの友だちの支えや聴き合う関係の構築によるものが大きいのではないかと考えています。認めてほしいという気持ちが人一倍強いミキにとっては、しっかりと自分の考え

を聞いてくれるという〝周囲の姿勢〟が彼女の自尊心を高め、彼女自身を成長させたのだと思います。

次に相互指名によって当てられたハルトが発言しました。

「フツ族のなかにも虐殺に反対した人がいるはずだよ。だからすべてのフツ族が悪いわけじゃないと思う。フツ族の人たちの話もしっかり聞いてあげて、義足を提供するべきかどうか決めたらいいんじゃないかな。僕はそう思う！」

ハルトはやや強い言葉でこのように語りました。このハルトの発言は授業後半で大きく生きてきます。「○○だから」という集合縛りで物事を考えてはいけないという、差別や偏見に関わる学びの深まりにつながっていったのです。じつはこのハルトもこの1年ですばらしい成長を見せてくれた子でした。4月当初は人前で話をすることが非常に苦手で、緊張しやすく、言葉がまったく出なくなることも頻繁にありました。そのハルトが、大勢の参観者がいる授業研究日にしっかりと手を挙げて、堂々と発言していたのですから、担任教師としても授業者としても涙が出そうになるくらい、思い出深い日となりました。

ここまでの発言はすべて「提供すべき」という考えにまとまっていました。しかしこのタイミングで、また別の視点からの意見が出はじめました。堰を切ったように、チエがこんなことを問いかけてくれたのです。

「フツ族の人は何の罪もないツチ族の人を殺したんだよ。それなのに、何の罰も受けずに義足だけもらうというのは何か違う気がする…。やっぱりツチ族の人を優先するべきだよ。フツ族の人はそのあとでもいいと思うんだけど…どうかな？」

周りの反応をうかがいながら恐る恐る話してくれました。ここでチエは、虐殺をした側には提供すべきではないという考えを示したのでした。チエの発言は被害者であるツチ族の気持ちを考えてのものでした。

そんなチエの発言につなげたのがマユミです。マユミはほかの子どもたちよりも理解するまでに時間がかかる子です。このときも考えを整理できていないようでしたが、チエの発言を聴いて思わず手を挙げたのです。指名されたあともなかなか言葉が出てきませんでしたが、グループの友だちの助けを得ながら、少しずつ口を開きました。

「フツ族はツチ族を虐殺していたのに…自分たちが足をなくして困ったときだけ義足をくださいって…こんなときだけ助けを求めるのって何か違うと思う…」

このマユミの意見を聞いて、教室には多くのつぶやきが溢れはじめました。

「確かにそれはないよなぁ…」

「困ったときだけってね…」

「都合がよすぎるって思っちゃうかも…」

「だけど困っている人を見捨てていいのかなぁ…?」

「困っているのはわかるけど、なんか微妙な気持ちになるなぁ…」

子どもたちの心は徐々に、真美さんが抱いていたジレンマに近づきつつある様子が見受けられました。そこでユリがこんなことを言いました。

「フツ族は虐殺をしようと決めて行ったんだからさ、自分で地雷とかを踏んで足をなくすこともあるよね。だけど、それってやっぱり自業自得みたいな感じじゃないかな。だから、私はやっぱりフツ族の人には提供すべきで

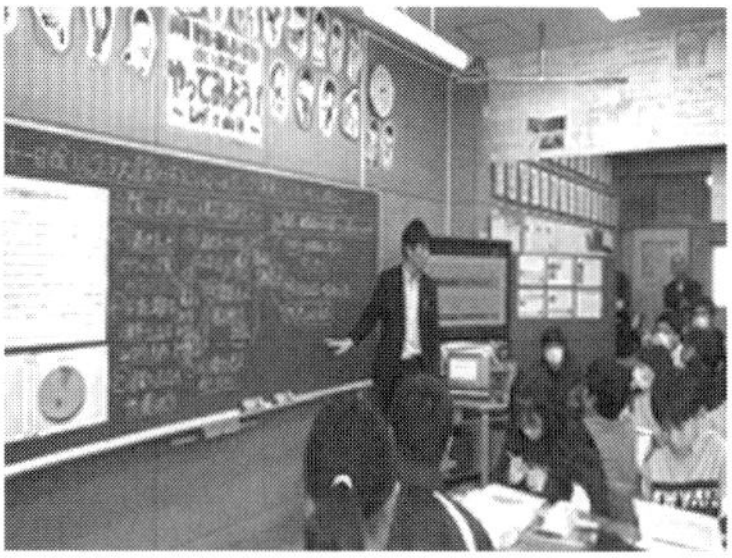

はないと思う。人を殺そうと考えた時点で、もうダメだと思う」

ユリは被害者のことを一番に考えなくてはいけないという意見を強調していました。「同じルワンダ人なのだから平等に扱わなければならない」という考えや「障害をもった人は民族で区別をしてはいけない」などといった平等性を重視した考えをもつ子どもたちがいる一方で、「人を殺した事実、虐殺をした事実、これらの事実は消えない」と主張する子もいました。子どもたちもある意味、対となる認識の間で思考が揺れ動きはじめていたのです。

子どもたちはジレンマを感じつつありました。しかし授業者の私としては、もう一歩踏み込んで子どもたちの感情を揺さぶりたいと考えました。「虐殺された側の悲しみ」「虐殺された側の家族の無念・恨み・妬み」などの視点を含む、さらなるジャンプの学びに移るうえでは、まだ子どもたちの考え方が偏っているようにも感じたからです。

このあとのさらなる「ジャンプの学び」では、「虐殺された側と虐殺した側が、ともに同じ小さな国で共存していくことは可能か」という課題を用意していました。この課題を出すにあたっては、まずは被害者側の感情面に関わる意見が欲しかったのです。これなしでは考察は深まらないとも考えていました。被害者の憎しみ・悲しみ・妬みという、非常に人間的でリアルなどす黒い感情にも目を向けてほしいと思ったのです。このドロドロとした感情についての理解を無視して「ジャンプの学び」に移るわけにはいかないと感じました。

ここでもう一度グループに戻すことにしました。グループでの交流をするなかで、子どもたちの思考を整理させたいと思いました。グループ交流の様子を観察しながら、子どもたちの発言のなかに「家族の悲しみ」や「恨み」「妬み」といったキーワードが出てこないかどうかを注意深く探っていきました。

再び全体交流に戻します。グループ交流の際にナツミが興味深いことを話していたので、まずは彼女を指名して意見を聴いてみることにしました。ナツミはやや申し訳なさそうな表情でこう語りました。

「この人にはあげる、この人にはあげない…ツチ族だからあげる、フツ族だからあげない…ってね。『〇〇族だから』という括りで考えていること自体、真美さんのなかにもまだ差別や区別の意識があったんじゃないのかなぁ…」

ナツミは前半に発言したハルトと同じグループでした。ハルトは前半で「〇〇だから」などといった縛りで物事を考えてはいけないという発言をしています。そのことを受けて、ナツミは「真美さん自身にも、まだこの時点では民族を集合体としての括りで考えていたのではないか」と指摘したのです。ナツミはこれまでもずっと、真美さんの思いに寄り添って考えようとしてきました。そのため、真美さんを少し責めてしまうような発言になることを心配していたのかもしれません。彼女の表情からは、迷いも見られ申し訳なさそうに発言をしたのが印象的でした。

このナツミの考えに対してエリが付け加えるように突然語りはじめました。

「真美さんはさ、もともと手足を失った80万人全員に義足を提供したいと言っていたでしょ？　だったらね、どんな人であっても提供すべきであると思うんだけど…。でもやっぱり殺されてしまった側の人たちにも大切な家族がいたわけだし、家族を奪われてしまった人たちの悲しみや苦しみは忘れてはいけないと思うんだけど…」

子どもたちに気づいてほしいと感じていたポイントが出てきました。エリのこの発言は、さらなる「ジャンプの学び」に移るうえでとても大切な発言となりました。

さらなるジャンプの課題は「加害者と被害者が同じルワンダと言う小さな国でどのように暮らしていくべきか」「共存することができるのか」「和解することは可能なのか」といったものでした。

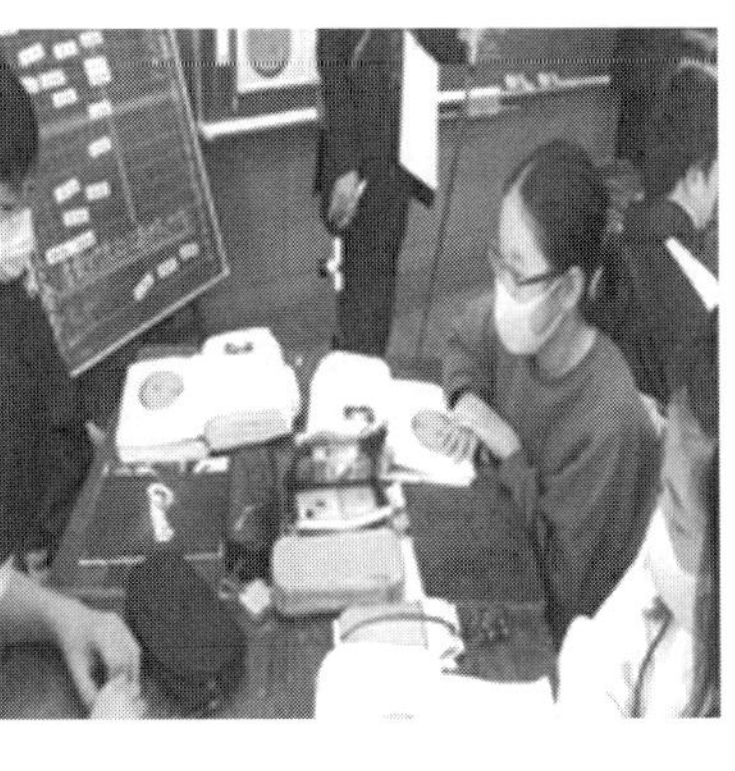

前半の子どもたちの思考のなかには、先にも述べたとおり、このような視点がありませんでした。課題や資料の提示のタイミングは、授業をやりながらもいつも迷うことが多いのです。「まずはこれを考えましょう」「次はこれを考えましょう」というように、教師側が淡々とプランを出し、それを単純に消化していくような授業構成もできなくはありません。しかし、次なる課題に移行する際はできるだけ子どもたちの気づきをきっかけにしたいという思いがあります。子どもたちの思考の流れに沿って、考えるべきタイミングでそのことを考えさせたいという思いがあるのです。そこで本時では、子どもたちから「虐殺された側の悲しみ」「虐殺された側の家族の悲しみ」といった話が出てくるまでは辛抱強く待つことにしました。先ほど紹介したエリの発言は、ようやくジャンプの課題に入っていけるきっかけの合図にもなりました。

当然のことながら、エリの発言後は教室がかなりざわつきました。

「同じルワンダ人っていっても、被害者はそう思えるかな…?」

「私が被害者の家族だったら恨みつづけると思う…」

「絶対許せないよ！　許せるはずないじゃん！」

「だけどガテラさんは区別してはいけないって言ってるし…」

「許せる人と許せない人がいるってこと？」

「あーむずかしい！　わかんなくなってきちゃった！」

子どもたちは大いに混乱し、ジレンマの渦に飲み込まれていきます。思考が混乱に陥ったこのタイミングで、私からさらなる「ジャンプの学び」に移るための発問を投げかけました。

「加害者と被害者がルワンダという小さな国でともに暮らしていくことは可能なのかな？」

この問いかけのあと、この日3回目のグループでの学びに戻しました。子どもたちは、頭をかかえながらも、これまでの資料や友だちの意見と照らしあわせ、まとめた意見をすり合わせながら思考をめぐらせていました。「加害者側と被害者側の両者が共存していくことは可能なのだろうか」「どうしていくのがよいだろうか」など、うまく言葉にならない頭のなかの考えを何とか表現しようと夢中で考えている様子が見受けられました。友だちと交流しながら考えをすり合わせることによって、おぼろげだったものが少しずつ自分の考えとしてつくり上げられ、輪郭がはっきりしていくことがあります。グループでの学びの意義はここにあると考えています。

グループで行われてた交流に耳を傾けていると、子どもたち一人ひとりの考えが、より大きな視点に立っていることに気づきました。ルワンダにおける出来事がきっかけとなり、人との関わり方について思考をめぐらせていたのです。自分が人ともめたときにどう解決するのかという視点がかなり入っていたのでした。

再び全体交流に戻します。すると、今度はすかさずゼンタロウが語りはじめました。

「同じルワンダ人なのだから差別や区別をしてはいけないということは、わかるんだよね…だけどさ、被害者であるツチ族の人たちがどう思っているのか、どう感じるのかを理解していくことが大切だと思う。ツチ族の人たちがゆるすのか、ゆるさないのか…そこが重要だと思うんだ」

ゼンタロウは授業の前半では「同じ人間で同じルワンダ人なのだから、義足を誰にでも提供すべきだ」と発言していました。しかし後半では被害者の気持ちに寄り添う考えに変容していたのです。ゼンタロウは付け加えて「やっぱり同じ人間でも被害者は嫌な気持ちになると思うんだよね…」と述べました。

ゼンタロウの「ゆるす（赦す）」という言葉は、この問題を考えるうえでの大きなテーマだと感じました。「ゆるし（赦し）」がどのように成立するのか。これは紛争に限らず、普段の人間関係でもいえることです。「ゆるし（赦し）」とは何なのかを考えていく必要があると感じました。

このゼンタロウの言葉を受けて、ユウタがすかさず続けました。

「ゆるさないと言う気持ちはあると思うけど…ずっとゆるさないでいたら一緒に暮らしていくことはできないと思う。辛すぎるじゃん、そんなの。この先、前に進んでいくには、対立はしないほうがいいと思う。でもこのような悲劇があったことは絶対に忘れてはいけないと思う。それがみんなのためなんだと思う」

ゼンタロウもユウタも、「共存」していくということを前提で話をしています。しかし、トキヤスの意見は少し違った方向からまとまっていました。

「一緒に住んでいくことはむずかしいんではないかな…。悲惨な思いをした家族の悲しみは消えないと思う…ゆるせっこないと思うんだけど」

このトキヤスの言葉は、実際には多くの子どもたちが内心感じていたことだったのかもしれません。トキヤスの発言後、多くのつぶやきが聞こえてきました。

「確かに一緒に暮らしていくのは、むずかしいかもね…」

「自分だったらひどい目にあわされて、そんな相手をゆるすことはできないなぁ…」

「でもユウタの言うように対立していてはいつまでも進まないよなぁ…」

「ゆるせる日ってくるのかな…」

そんななか、次のようなつぶやきも聞こえてきました
「虐殺からかなりの年月が経っているけど、今って一体どうしてるんだろう…？」

「確かに今の状態って気になるよね！」

「今のルワンダの様子ってどうやったらわかるの？」

子どもたちからはさまざまなつぶやきが溢れ出てきました。それと同時に、今のルワンダはどうなのかと関心を示しはじめたのです。ここで追加資料を提示することにしました。私が子どもたちに「世界価値観調査」という資料を提示しました。２０１０～２０１４年にかけて、世界の国々の人に対してアンケートを行ったものです。

「その国に住んでいることについて幸せを感じているか」

「その国に住んでいることに対して誇りをもっているか」

このような質問をして現地の人々の意識を調査しているものです。

この資料によると、ルワンダに住む人々は「非常に幸せである」と答えている人が全体の40・６％、そして「やや幸せである」と答えている人が全体の49・８％もいることがわかりました。ルワンダに住む多くの人たちが幸せを感じているという結果が出ていたのです。いっぽうで日本は、「非常に幸せである」が32・３％、「やや幸せである」が54・２％とルワンダを下回っていました。

2010年～2014年世界価値観調査（幸せを感じるか）

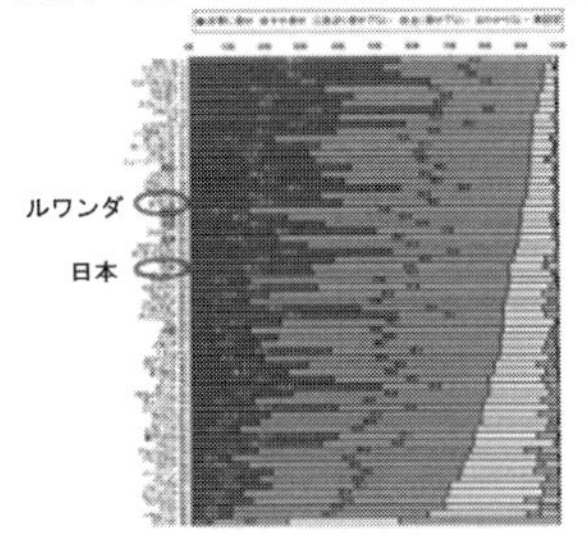

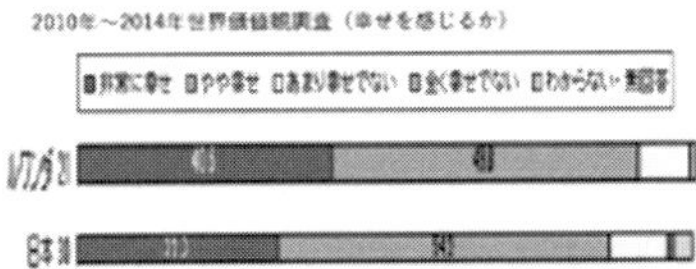

出典：社会実情データ図録

2010年～2014年世界価値観調査（自国民としての誇り）

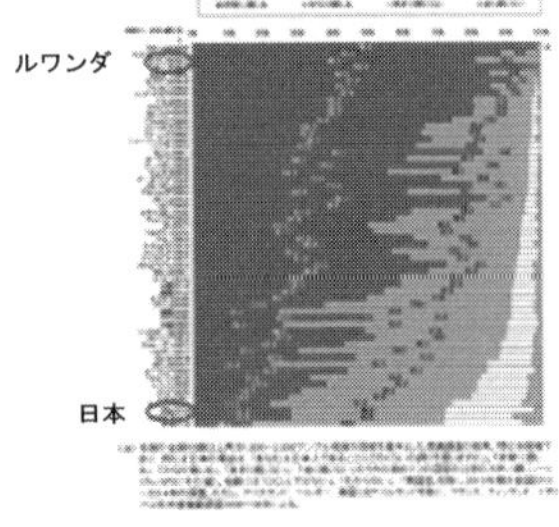

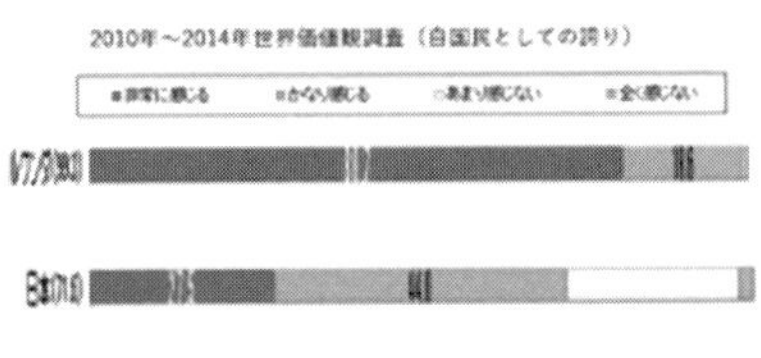

さらに自国民としての誇りを調査したところ、ルワンダは調査国のなかで、上から3番目という記録を残していました。ちなみに日本はというと、下から3番目です。ルワンダの人々の実に80・7％が「自国民としての誇りを非常に感じる」と言っており、18・6％の人は「自国民としての誇りをかなり感じる」と述べています。これをまとめると、ほとんどのルワンダ人が自国民としての誇りを感じていると結論づけることができます。

いっぽう、日本では「非常に感じる」という回答が27・5％、「かなり感じる」が44・0％となっており、ルワンダを大きく下回っていました。ちなみに、国連が出している幸福度ランキングではルワンダはワースト10に入っていますが、これはGDPやインフラの整備率などでその国の幸福度を図っているためだと考えられます。視点を変えてしまうとルワンダの幸福度は下位のほうに位置してしまうわけですが、今回子どもたちに提示した現地に住む人への直接アンケート（「世界価値観調査」のデータ）では、ルワンダという国に誇りを感じていたり幸せを感じていたりする人が非常に多いことがわかりました。これは非常に不思議な結果でした。実際のデータの一部を示した資料を見た子どもたちからはざわめきが聞こえてきました。

「え？　なんでだろ？　あんなひどいことがあったのに幸せってどういうこと？」

「しかも日本より幸せを感じているって…謎じゃない？」

「何かもっと悲劇的な感情で毎日を過ごしてるのかと思っていた…」

「幸せの感じ方ってどういうところにあるんだろう」

そんななか、同じグループで学んでいたチエとハルオが興味深い発言をしてくれました。

チエ「虐殺が終わったっていうことが幸せなんじゃないのかなぁ…」

ハルオ「普通の生活ができること…これがルワンダ人としての幸せなんじゃないかな」

この発言をきっかけに、子どもたちは「幸せ」について考えはじめました。ルワンダと日本とでは〝幸せの基準〟が違うのかもしれないということに気づきはじめたのです。

子どもたちの思考が深まったこのタイミングで、真美さんからのメールを紹介することにしました。子どもたちは真美さんからのメールを食い入るように見ていました。メールを読み終えると感嘆のつぶやきが溢れました。「すごいなぁ…」と言う声がたくさん聞かれ、子どもたちに真美さんの言葉が響いていると感じられた瞬間でもありました。

リョウタはメールを読み終えたあと「ガテラさん神だ！」と興奮気味に言いました。リョウタはずっと「被

ルダシングワ真美さんからのメール

Q：虐殺後から現在に至るまで、加害者と被害者がどのような心もちで生活しているのかということです。心から和解し合っているのか。心の底では憎しみを抱えているのか。真美さん自身がお感じになられる、現在に至るまでのルワンダの人々の心の変容などをお教えいただけませんでしょうか？（脇坂）

A:6年4組の皆さんこんにちは。ルワンダについてたくさん考えてくださっていることうれしく思います。ご質問の件ですが、これもとても難しい問題だと思います。今年で虐殺から２６年経ちます。その間にルワンダは大きく変わりました。発展も遂げてきています。人々の暮らしも昔に比べたら豊かになってきました。虐殺後に生まれた若い世代も増え、恐らく人口の半分以上は虐殺後の世代となるかと思います。そのような状況において、だんだんと虐殺の記憶が薄れて行っているのも事実です。しかし私がルワンダの未来を感じるのは、そうした薄れていく記憶の中、過去の事実をきちんと若い世代に伝えていこうとしている姿勢です。先日、東日本大震災の追悼式を１０年経ったら止めるという記事を読みました。１０年は長い時間なのかもしれません。でも被害を受けた人たちにとっては、その時間は短すぎます。ルワンダは２６年経ち、現在もそしてこれからもその追悼の思いをなくすことはないと思います。それだけ人の心に大きな傷を残したからです。また歴史を忘れるということは、同じ過ちをまた繰り返すということも、ルワンダの人たちはよく知っています。だから過去を知り、そこから学んだうえで、これからのルワンダを作っていこう。そういう気持ちがとても強いと思います。

現在、表面的にはルワンダの争いは見えません。でも人々の心の中には、悲しみや憎しみは残っていると思います。そう簡単に消えることではないと思います。自分の家族、愛する人たちが目の前で切り刻まれて、苦しみながら殺されていく様を見た人、そして西洋により憎しみを教えられ、狂ったように人を殺した人たちがいるルワンダで、長い時間かけて植え付けられた思いは、なかなか消えることはないでしょう。でも人々はそれと日々戦っています。意味もなく分けられてしまった国民、それ故に憎しみ合わなければならなかった自分たち。何が原因で、自分たちに何が足りなかったからそうなってしまったのか。そういうことをルワンダの人は、虐殺の事実から学んでいます。そしてそこから世界中の人が学べることがとても多いと思っています。この先、虐殺後に生まれた子供たちが、家庭を持ち、子供を産む。その子供たちが大人になったころ、初めてルワンダの平和は訪れるのではないか。そう思っています。それまではルワンダの人たち、虐殺を振り返りながら生きていくことと思います。

あの時、虐殺した人に義足を提供するか、私はとても悩みました。しかしガテラが私に言ったのです。「過去にこだわり続けるんじゃなく、前を向くためには彼らを受け入れる。そして一緒に生きていかなくてはならないんだ。ルワンダ人として。」ルワンダは長いことベルギーに国民を分けられ、差別区別され、そのために関係が悪くなっていきました。そして最終的に殺し合うというところまで行ってしまいました。その時に生まれた憎しみや妬みなどは、先にお伝えしたようにすぐになくなるものではありません。その状況において、一人一人は壊れてしまった国を立て直したいと思っていました。そのためには憎い気持ちを抑えなくてはいけない。つまり憎いけれども、相手を受け入れなくては発展していかないという思いです。私は義足を提供することに決めました。

どうぞ子供たちに以上のことをお伝えください。いじめが横行している日本ですが、ルワンダで起きた虐殺から学べることも多いです。試行錯誤を繰り返しながら、ルワンダも元通りになろうとしています。人との違いがあるのは当然です。でもその違いを避ける傾向も強い日本です。子供たちが一人一人自分の主張ができ、また相手の気持ちをくめるような環境を作るのが、私たち大人の役目だと思っています。
いろいろなことを考えてくれている子供たちに会えること、楽しみにしています。また疑問があれば、ご連絡ください。時間の許す限りお答えしたいと思います。
ルダシングワ真美

このメールには、この日の授業で子どもたちが学んだことが凝縮されているように思います。

ユウタの「この先、前に進んでいくには、対立はしないほうがいいと思う。でもこのような悲劇があった事は忘れてはいけないと思う」という考えと類似しています。

トキヤスの「悲しみは消えない」という考えや、エリの「家族の悲しみを忘れてはいけない」という考えと類似しています。

カズトが授業の最初に発言した「みんな同じルワンダ人」というガテラさんの言葉が伏線のように流れ、授業の最後で結びつくこととなりました。

害者と加害者が一緒に暮らしていくことはできない。被害者の気持ちが収まらない」と言っていたのですが、メールのなかにあるガテラさんの言葉がとても響いたようでした。自分が思っていたこととガテラさんの思いは違っていたにもかかわらず、大量虐殺という悲劇を経験した当事者からの言葉を聞いて新たな発見ができたことに、興奮しているようにも見えました。

チハルはずっと「ゆるすことなどできない」と言っていたのですが、メールを見たあとは「ゆるせないけど、ゆるすしかないのかも…」という考えに変わっていました。頑固でかたくななチハルですが、少しずつ考えが変わっていきました。この様子は真美さん自身の変容と重なる部分でもあったように感じます。

「被害者家族の悲しみを考えなければならない」と言っていたエリも「よい方向に進んでいくためには受け入れるのしかないのかも…」とつぶやきました。

リクヤは「和解は成立しない」とずっと言いつづけていました。「いっそのこと加害者と被害者は、しばらくは二つの国に分断して、人々の記憶から忘れ去られたときにもう一度同じ国になったらいいのでは」と過激なことをずっと言っていたのです。しかし、そんなリクヤにも真美さんからのメールが大きな影響を与えてくれました。メールの内容を紹介したあと、リクヤの考えは一気に変わったのです。「すごいなぁー、ほんとすごいよ」と、今度は関心してずっとつぶやいていました。そして最後に「ゆるしていかないと前に進めないかもなぁ…」と言ったのです。

自分を超える何かに出会った瞬間に、子どもの思考と感情は大きく揺り動かされるということを感じられた場面でもありました。

本来なら、このあとの展開として、真美さんに学校に来ていただき直接お話をうかがうという計画でした。子どもたちが感じ考えたことを直接ぶつけ、真美さん本人から返していただくことで、さらなる学びにつなげていきたいと思っていたのです。しかし…冒頭でもお伝えしたように、新型コロナウイルス感染拡大防止のため学校が急遽臨時休業となってしまいましたので、それに伴い真美さんの講演も中止となってしまいました。これも先に述べた点ですが、真美さんには予定どおり来校していただき、職員に向けてお話をいただくことができました。お話いただいた内容をレポートにしたものと、真美さんご本人からのビデオメッセージを子どもたちに配付することはできましたので、何とか学びにつなげることができたのではないかと思っています。

中途半端な状態で終わってしまいましたので、担任教師としても無念さを抱いていました。しかし、休校中にうれしい出来事があったのです！　クラスの保護者の皆さんが動いてくださったのです。子どもたち一人ひとりから真美さんへの手紙を回収し、それを真美さんに届けてくださいました。これは私もまったく予想していなかったのですが、休校中も子どもたちは今回の学習を振り返ったり、真美さんの講演レポートを読み返したりしながら、心を込めて手紙を書いてくれていたのでした。学校での授業という場を離れても、子どもたちが休み中にしっかりと考えてくれていたこと。また保護者がそういった支えをしてくださったことが、本当に嬉しかったです。学びの共同体としての学校の威力を大いに感じた瞬間でもありました。

今回の単元は、「生き方」や「人生」を考えていく内容が多く含まれていました。授業を進めていくうちに、「もしかしてこれは道徳の授業なのかも…」と悩んでしまう気持ちも少々ありました。しかし、社会科という教科が「人の生き様や営みを通して世の中を見る」という目的をもつのであれば、道徳的な視点を外して語ることはできません。

以前、埼玉大学の北田佳子先生に講師として来ていただいたときにうかがった話が今も忘れられません。ここで少し紹介させていただきます。

北田先生は、「これは道徳の学び、これは社会科の学び、これは国語の学び…などといった区切りはきわめて政治的な意図で区切られているだけであって、子どものなかではそのような区切りなどないのだから、今そのときに子どもが考えようとしていることに向き合っていくことが何よりも学びを深めることになる」と言われていました。

今回は、その言葉を信じて社会科の授業として実施しました。また、佐藤学先生は、「今回の授業は道徳の授業ではなく倫理社会の授業でした」とおっしゃいました。倫理社会とは、国際社会を支える倫理、あるいは国際社会を支える責任、それを学びながら公民としての資質を高めていくという側面があります。今回の授業はそれを実現できていたということに、佐藤先生から気づかせていただきました。

今回ご紹介した実践は、6年生の最後の単元としての授業でした。社会科の学びの集大成ともいえるものです。これから自分たちがどのようにして社会的事象を見ていくのか。そして世の中をどういうふうに考えていくのか。これらを再認識するための学びとして意識しながら実践しました。今までの単元もそうでしたが、今回のテーマも正解が簡単に見つかるような問題ではありません。そして、これといった正解も見つけられないジレンマをかかえたテーマでもありました。世の中はそれほど複雑であり、単純に解決できる問題など存在しないということなのかもしれません。しかしだからこそ、社会科の視点を生かして、問い続けていくことが、大切なのではないかと感じました。社会科の実践として心に残る授業を経験することができました。

2 「世界の中の日本～紛争地に生きる子どもたち～」（6年生）
――シリア難民支援をする大野木さんの話を通して考えよう――

もう一つ、同じ「世界の中の日本」という単元の別の実践を紹介したいと思います。今回の実践は2022年の3月に実施したものです。内容はレバノンに逃れているシリア難民の子どもたちの現実に目を向けるというものです。単元を通した全体の目標はルワンダの実践と同じく、「世界で起きている問題の解決に向けて日本の人々がどのように関わっているかについて考える」「すべての人の人権が尊重され、だれもが安心して生き生きと暮らすことのできる社会の実現に向けて、国際社会の一員として協力することの大切さを考える」の二つとしました。

ルワンダの実践から2年後、また6年生を担任することになりました。歴史学習を一通り終え、最後の単元「世界の中の日本」の学習時期になりました。もう一度ルワンダの実践を子どもたちにぶつけてみようかという思いもありましたが、新しい教材を開発する魅力も十分知っていましたので、今回も思い切って新たな実践づくりにチャレンジすることとしました。

今回は中東、とくにイスラムの国について取り扱っていきたいと考えました。社会科では「人」を主軸として授業を構成することを、私の研究の中心にしているのですが、イスラムのことを学習する際に軸となり、そして授業に協力してもらえそうな人物というのがなかなか思いつきませんでした。

そこで、同僚の西岡正樹先生に相談してみました。西岡先生は御年70歳の大先輩です。浜之郷小学校開校時、学校の立ち上げから活躍されている先生でもあります。そんな西岡先生にはもう一つの顔があります。それは「旅人」という顔です。教員を早期退職されて、その後はバイクで世界中を旅されているのです。日本に戻ったら臨任として教壇に立つのですが、またすぐに旅に出ていくという非常にユニークな先生でもあり、またその生き方に私自身とても憧れを抱いているところでもあります。

当然、西岡先生はイスラムの国々への旅の経験も豊富ですので、今回の授業づくりについて相談をしてみました。すると今回の授業づくりにぴったりの人物を紹介してもらえたのです。西岡先生の教え子でもあり、実践当時はレバノンでシリア難民の支援をしていた大野木さん（特定非営利活動法人パルシック職員）という人物です。

さっそく、SNS（Skype）でレバノン在住の大野木さんと打ち合わせをさせていただくことになりました。当初、私自身はイスラム教という宗教自態に目を向けさせ、それが原因で起こっている紛争について考え

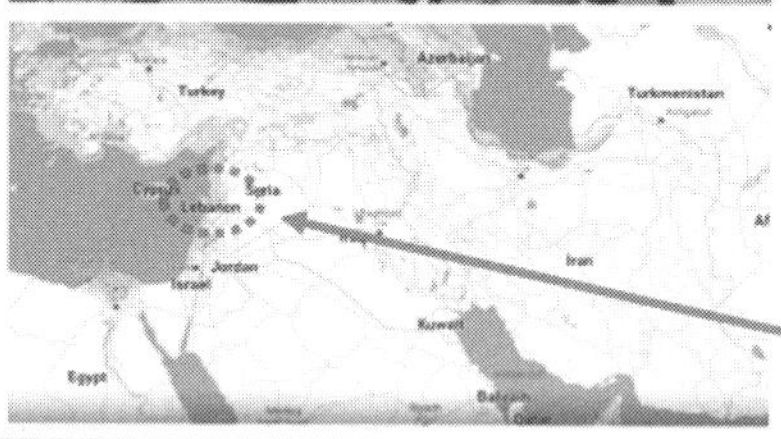

大野木 雄樹さん
（特定非営利活動法人パルシック職員）
・神奈川県茅ケ崎市出身
・パルシック レバノン事務所代表。
・イギリスの大学で伝統音楽を学ぶ。
・イギリスの市役所で日本との姉妹都市事業担当などを経て、2011 年からパレスチナの大学で国際交流プログラムを担当。
・2014 年 9 月からパルシックでパレスチナ事業、2015 年 10 月からトルコでのシリア難民支援事業を担当、2019 年 4 月から現職。
・現在はレバノンで難民支援をしている。

出所：パルシックのウェブサイトを参考（実践当時2022年３月）に作成。現在はパルシックのトルコ事務所を拠点にトルコ・シリア大地震の支援活動をしています。

ていくという授業構想だったのですが、大野木さんとの打ち合わせのなかで、それはかなり複雑な問題であり、6時間程度の単元時間のなかでは扱いきれず、むしろ中途半端な知識を植えつけてしまうという危惧に至りました。

そこで、単元構想自体を見直し、大野木さんの活動を通して、シリア難民の子どもたちの現状に目を向けてみるという視点に切り替えてみることとしました。

自分たちと同じ世代の子どもたちが、紛争地でどのような現状にあるのか。そしてその背景には何があるのか。それを大野木さんという一人の人物の視点を通して、その思いや葛藤、苦悩を追体験しながら、自分事として考えを深めいければなと思いました。

■授業の実際

ここからは子どもたちの様子を交えながら、実際の学びの風景を紹介していきたいと思います。

共有の学び

①ジャスミン革命・アラブの春・シリア紛争について概要を知る

2011年にアラブの春の一環として始まったシリア内戦から、10年以上が経過しました。その結果、多くの難民が生まれ、国内に避難した人も国外に逃れた人も、生きるすべや教育の機会を失ったままという状況です。大野木さんの話を通して、シリア難民の子どもたちの現状を知る前に、その背景を最低限の知識として学んでおく必要があると考えました。宗教上の問題なども絡み合う複雑な内容で、6年生の児童にはかなりむずかしいものですが、大野木さんの話を聞く前の予備知識として、できるだけシンプルに内容を整理して学習を行いました。学習の具体としては、まずは「ジャスミン革命」「アラブの春」「シリア紛争」についてその背景や、内容を学んでいきました。その際、映像や写真などの取り扱いには細心の注意を払いました。世に出回っている映像資料や写真は、ショッキングなシーンがあまりにも多すぎるため、資料選びには苦心しました。

子どもたちは、次のような意見が出ました。

「独裁者とそれに不満をもつ人々との争いなのかぁ…」

「革命がうまくいくといいけど、長引くとシリアのようになってしまうのかも…」

「戦争で解決ってできるのかな?」

「話し合いでは解決できない?」

「結局、何もしていない子どもが犠牲になっている!」

「赤ちゃんとか、小さい子どもが戦争に巻き込まれて命を落としてるのって辛すぎる…」

「大人たちのもめごとに子どもが巻き込まれている…」
「子どもは大人のために家族を失ったり、ケガをしたり、振り回されている…」

２０１１年からの一連の出来事について感想を抱くとともに、今回の学びへの下準備ができていきました。

共有の学び ②レバノンでシリア難民支援をしている大野木さんの思いを探ろう

前時では、遠く離れた中東の地で２０１１年以降に何が起こっていたのかということを事前知識として得ることができました。

「２０１１年っていったら自分たちは赤ちゃんだったけど、東日本大震災があったということは知っていた。けど、中東でこんなことがあったなんて知らなかった」

このように語っていた児童がいたのも印象的でした。この日の学習は、いよいよレバノンにいる大野木さんから直接お話を聞くというものです。教室とレバノンをＳＮＳでつないでいただき、大野木さんに直接語りかけてもらうのです。

レバノンとの時差は7時間あります。日本の教室は午後の時間帯でしたが、レバノンではかなりの早朝ということになります。10分ほど前からＳＮＳを接続して待機していました。しばらく待つと大野木さんが画面に映し出され、その瞬間子どもたちからは「わーっ！」と大歓声が上がりました。

コロナ禍でオンラインというのはずいぶん身近にはなってきましたが、教室という自分たちの日常空間が海外とリアルタイムでつながり、そして学習の対象である大野木さんが、自分たちに直接語りかけてくれるというのは、子どもたちにとってはとても刺激的なものであったようです。子どもたちは食い入るように大野木さんの話を聞いていました。

大野木さんからは、次のようなさまざまな事柄について、写真なども交えながら具体的に話をしていただきました。

○難民の生活
○現地の子どもたちの様子
○いまだ紛争が続いている地域もある
○建物が壊されている地域もある
○空爆避難の様子
○住環境・10年以上ものテント暮らし
○そんななかでも知恵を出し合って教育をがんばろうとしている人たち
○児童労働の現状

今回担任の私は、そんな大野木さんの話を聞き入る子どもたちを観察しながら、子どもたちが最も反応を示した部分を焦点化し、「ジャンプの学び」へとつないでいこうと考えていました。

子どもたちの様子を見ていると、大野木さんの話のある一節に多くの子が身を乗り出して反応しているのがわかりました。それは、児童労働と教育のはざまにあるジレンマという問題です。ある日、大野木

レバノンでシリア難民の支援をしている大野木雄樹さんの話②

難民の人たちは逃げた先に必ずしも家や仕事があるわけではありません。１０年以上もテント生活をしている人たちが多くいます。一番大変なのは、生活をしていくためにはお金を得なければならないということです。お父さんやお母さんたちも今まであった仕事がなくなってしまいました。しかし必ずしも避難先に十分なお金をもらえる仕事があるわけではありません。子どもたちも働かなくてはならない現実があるのです。写真の子たちは綿畑で働く子どもたちです。親が街に仕事に行き、畑は子どもたちが管理しているのです。また朝からパンを作る仕事をしている子たちもいます。子どもたちも働かなければ生活が立ち行かなくなるのです。綿畑で働いている女の子たちに学校に行きたいかと尋ねると、**「学校に行けばお金がもらえるの？」**と聞いてきました。その言葉がとても衝撃的でした。この子たちは小さいころから学校に行かずに働いています。「お金があればテント生活から抜け出せるかも…」「お金があればもっといいものが食べられるかもしれない…」常にお金のことを考えなくてはならない生活をしているのです。一方、学校に行きたくて「学校ごっこ」をしている女の子にも会いました。右下の写真は施設の目の前が学校なのだけど、そこに通えない女の子が、学校のチャイムに合わせてノートを出して学校に行った気分を味わっているのです。現在シリア人の子どもたちの 50%以上が教育を受けることができていません。この子たちが大人になるころには人口の半分の大人が教育を受けていないという状況になってしまいます。私たちはそういった子どもたちが教育を受けられるように支援をしていますが、教育を受けるということは労働の時間が奪われることになります。それは日々の生活に大きな影響を与えますので、私たちの支援を受けるという決断ができない人たちもいます。しかし学校に行けることが決まった子どもたちはとても笑顔で喜びの表情を見せてくれるのも事実です。資料４

さんが綿畑で労働する子どもたちに学校へ行きたいか尋ねたときの出来事です。その子どもたちは「学校へ行くとお金がもらえるの?」と返してきたのです。大野木さんは、「この子たちは小さいころから学校に行かずに働いています。『お金があればテント生活から抜け出せるかも…』『お金があればもっといいものが食べられるかもしれない…』などと常にお金のことを考えなくてはならない生活をしているのです」と話していました。この部分にクラスの子どもたちは最も反応を示していたのです。

大野木さんの話を受けて、子どもたちからはさまざまな意見が出てきました。

「綿畑で働く子どもの言葉『学校へ行けばお金がもらえるの?』ってなんかすごく衝撃的だなぁ…」

「大野木さんは教育支援をするためにレバノンに行ってるんだよね…」

「でも、この子たちに教育をするということは労働の時間を奪ってしまうことになるよね…」

「そうそう、この子たちは労働しないと、日々の生活が苦しいんだよね…」

「でも教育をしなければ、この子たちの未来が心配…どうしたらいいんだろう…」

大野木さんは次のようにも語っています。

「現在シリア人の子どもたちの50％以上が教育を受けることができていません。この子たちが大人になるころには人口の半分の大人が教育を受けていないという状況になってしまいます。私たちはそういった子どもたちが教育を受けられるように支援をしていますが、教育を受けるということは労働の時間が奪われることになります。それは日々の生活に大きな影響を与えますので、私たちの支援を受けるという決断ができない人たちもいます。しかし学校に行けることが決まった子どもたちはとても笑顔で喜びの表情を見せてくれるのも事実です」

子どもたちが大きく関心を示した児童労働と教育の狭間にあるジレンマを「ジャンプの学び」として設定することとしました。そしてそこを起点に、以下の4段階の「ジャンプの学び」をデザインしていきました。

ジャンプの学び

① 難民の子どもたちにとって必要なのは労働か？　教育か？　それとも…
② 難民条約に合意していないレバノン
③ 難民児童の親世代の意識
④ 児童婚という問題

ジャンプの学び

①難民の子どもたちにとって必要なのは労働か？　教育か？　それとも…

大野木さんの話のなかから見いだした、子どもたちの最大の関心事を「ジャンプの学び」の一つ目として設定することとしました。大野木さんは、シリア難民の50％以上が現在教育を受けられていない状況にあると言います。このままだと将来、シリアの人口の半分の大人が教育を受けていない状態となってしまうことが危惧されます。大野木さんは何とか教育を受けられるように支援をしようとしますが、難民の子どもたちにとっては児童労働が当たり前の感覚となっています。「学校に行けばお金がもらえるの？」という言葉がそれを象徴しています。クラスの子どもたちはまさにそこに関心を向けていました。まずはこのことについてグループでの聴き合う時間を取りました。あるグループでは次のような会話がなされていました。

「このままだと、将来が大変なことになってしまうよ…」

「でも、難民にとっては将来のことを考えている場合ではないんじゃない？　将来よりも今が大切なんじゃない？」

「一日一日を生きることで精一杯なんだと思う。教育どころではないんじゃないかなぁ…」

「教育を受けている暇があったら、少しでも生活費を稼ぐために労働しないといけないと思ってしまうのかも…」

「本当は学校に行って勉強したいって思ってる子もいるかもしれないけど、そんなこと言ってられないほど毎日の生活が厳しいんだと思う…」

「でも将来、国の半分の大人が教育を受けていない状況って…その国がどうなってしまうのか心配だな…」

「今を優先するか、将来を優先するかって問題なのかも…」

ほかのグループの様子も見ていましたが、どのグループも同じような会話がなされていました。今現在の生活を大切に考えるべきなのか、それとも将来のことを大切に考えるのかによって、労働すべきなのか教育を受けるべきなのかが大きく変わってくるという感じ方をしている子が多いようでした。

そこで次のようなマトリクスを用意してみることにしました。縦軸は「難民の子どもも教育を受けるべき」という考えと、「難民の子どもたちが労働をするのは仕方がない」という考えです。いっぽう、横軸は子どもたちのグループでの対話から出てきな内容を設定しました。「将来のことを優先して考えるべき」という立場と、「今現在のことを優先して考えるべき」という立場です。

子どもたちはかなり迷いながらも名前マグネットをボードに貼っていきました。この段階では、子どもたちの立場表明もかなりばらけた形となっていました。

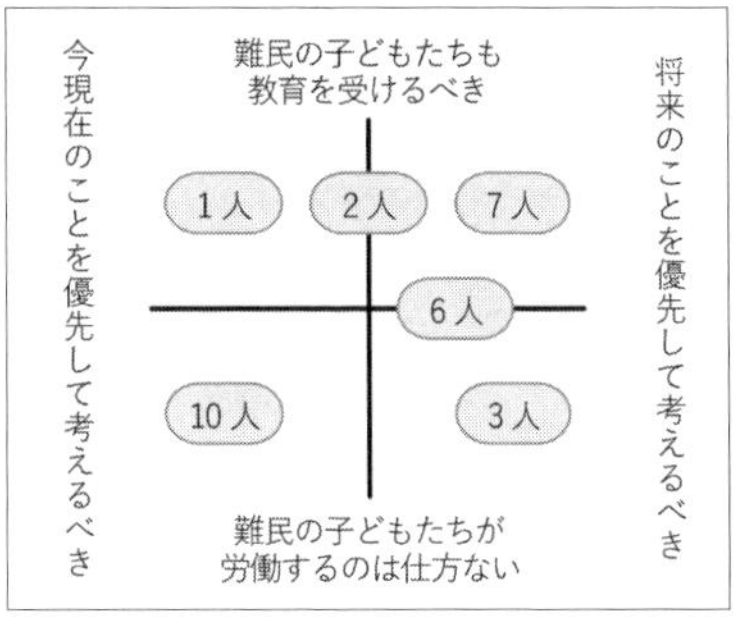

難民の子どもたちも
教育を受けるべき
今現在のことを優先して考えるべき
将来のことを優先して考えるべき
1人
2人
7人
6人
10人
3人
難民の子どもたちが
労働するのは仕方ない

名前マグネットを貼ったあと、もう一度グループに戻して聴き合う時間としました。友だちの話を聞いているうちに、考え方が変わり名前マグネットを移動しに来る子もちらほら出てきましたが、それでもかなりばらけた状態に変わりはありませんでした。

全体に戻したあと口火を切ったのが、リョウタでした。リョウタはマトリクスの左下の立ち位置にいます。

「教育を受けることって、変な言い方だけど、お金があるからできることなんじゃないかな…。この子たちにとって教育を受けるってことは労働時間が奪われるってこと。そうなるとますますお金が減ってしまって生活が大変になっちゃうんじゃない?」

それを聞いていたコウジは真逆の右上の観点から語りはじめました。

「なんていうか…紛争とか貧困とか同じことを繰り返さないためにどうするべきかも考えないといけないんじゃないかな…。結果的に将来のことを優先するってことになるけど、教育にはその可能性があると思う」

周りで聴いていた子も、リョウタの考え、コウジの考え、そのどちらも間違いではないということに気づいているからこそむずかしい表情を浮かべ、数秒の沈黙が流れました。そんな張り詰めた空気のなか、思い切った表情でキイチが手を挙げました。

「今を大切にすることが将来を大切にすることにつながるんじゃないかなぁ。今の連続が将来っていうか…」

それを聞いていたタマエが続きました。

「私も今を生きれないと将来なんてないと思う」

「今」と「将来」を別々に考えるのではなく、これらはつながっているんだという発想に多くの子がうなずいている様子でした。そんなときただ一人、マトリクスの左上の立場にいたミクが語りはじめました。

「確かに労働は今の生活をしのいでいくために必要かもしれないけど、教育も今の生活を明るくする可能性があるんじゃないかな。教育は将来のためだけでなく、今現在のためにもなるんじゃないかな…」

ミクの話に大きく頷きながらマサトが続きました。

「この子たちの親ってどう思ってるんだろう？　やっぱり教育を受けさせてあげたいのかな？　それとも働いてほしいのかな？」

マサトの発言を受けてもう一度グループに戻しました。しかし、この段階では親の意識に関する資料などは何も提示していませんでしたので、子どもたちが語れることはあくまで想像の域にすぎず、モヤモヤした感じとなりました。

「そりゃ日々の生活をしていくために働いてほしいと思ってるよな」

「お金がないと避難生活も続けられないんだから働いてほしいと思ってるんじゃない？」

「生きるために必死で教育のことなんて考えられないんじゃないかな？」

子どもたちの考えはやはり想像に過ぎないので、実際のところどうなのかを、後日再び大野木さんにＳＮＳでつないでいただき聞いてみることとしました。この日はモヤモヤした状態で授業が終わることとなりましたが、大野木さんからの返答がのちに「ジャンプの学び」③難民児童の親世代の意識につながっていくこととなります。

ジャンプの学び　②難民条約に批准していないレバノン

ここで難民条約に関する資料を追加で提示しました。なぜこれほどレバノンにいる難民が貧しい生活をしているのかというと、レバノンという国は難民条約に批准していないという事実が関係あるのです。このことについて、大野木さんは次のように語っています。

「なぜ難民が貧しい暮らしをしているのかというと、難民条約というものがあって、これに批准している国では、難民もちゃんとした住まいや仕事を得ることができます。しかし、レバノンやトルコはこの難民条約に批准していないのです。レバノンやトルコは隣国ということもあり、大量の難民が入ってきます。しかしその大量の難民に仕事を保障すると、自国の国民の仕事がなくなってしまいます。自国の国民の失業率が上がってしまうのです。レバノンやトルコでは自国の国民を守るためにこれを認めていません。難民条約に加入しているヨーロッパに行こうとする難民もいますが、先日のメールで伝えたようにヨーロッパに行くには地中海をゴムボートで渡る必要があります。その際にボートが転覆して多くの人が命を落としたのも事実です。また、紛争が終われば祖国シリアに戻りたいという思いをもった人も多いので、近くのレバノンやトルコにとどまる人も多いのです」

まさに難民たちのジレンマがここに存在するのです。紛争が終わればすぐに祖国シリアに戻りたいという思いが強いため隣国のレバノンにとどまっているということ。しかしレバノンは難民条約に批准していないので、住環境や職業が保障されないということ。日雇いのような仕事が多いので、十分な生活費を稼ぐことができず、子どもも労働に加わり稼ぎに貢献しなければならないのです。

この難民条約に関する事実を提示した瞬間、多くの子がマトリクスの左下に名前マグネットを移動させました。

グループでの聴き合いの時間にもさまざまな声が聞こえました。

「まともな職に就けない以上、稼ぎも少ないってことだよね…」

「となると、子どもも働かざるを得ないかぁ…」

「生活のためには今は何よりもお金が必要ってことだよね…」

「働いても働いても、もう次の日には生活費として消えてしまう…」

このように、児童労働も仕方がないという意見が増えてきました。教育よりも今の生活が大切という認識が強まったようでした。なかには、リスクはあるけど地中海を渡ってヨーロッパに行くべきという考えも出てきました。

そんななか、それでも教育は必要という考えも見られました。さらに、将来を案ずる声が少なからず聞こえてきました。

「教育は将来の貧しさをなくすという考え方もできると思うんだけどな…」

「確かに読み書きや計算ができない子って将来どうなるんだろう…」

「確かに教育を受けないと、貧困が解決せず続いてしまう気がする…」

「読み書きや計算ができると将来につながるよね…」

「難民条約に同意していない以上、たとえ教育を受けてもレバノンにいる限りまともな職にはつけないってことなのかな…だとすると教育は意味ないのかなぁ…」

「けど、紛争が終わって将来シリアに戻ったとき教育を受けてないとそれこそまともな仕事ができないかもよ…」

そのとき、コウキが前時に話題になった親についての意見を示しました。

「親が勉強を見ることはできないのかな？　親も仕事で精一杯、勉強を教えている暇なんてないかな？　やっぱり勉強よりも働いてほしいと思ってるのかな？」

改めて前時に話題となった親の意識について関心を示したのです。ほかの子どもたちの様子を見ていると、このコウキの意見にうなずいたり、反応したりしている子が多くいました。

このタイミングで、私が大野木さんに「親の意識」について追加インタビューした映像を流すことにしました。子どもたちも食い入るように大野木さんの話を聞いていました。

ジャンプの学び　③難民児童の親世代の意識

前時の段階で、子どもたちは難民児童の「親の意識」についてすでに関心を抱いていましたが、コウキの発言によって、改めてさらに強い関心をもつようになっていました。

前時の段階では、「日々の生活をしていくために働いてほしいと思ってるよな」「お金がないと避難生活も続けられないんだから働いてほしいと思ってるんじゃない？」「生きるために必死で教育のことなんて考えられないいんじゃないかな？」などという考えが多く出ていましたが、とくに拠り所となる資料などはありませんでしたので、完全な予想という形で子どもたち自身もモヤモヤした様子でした。

そこで、前時が終わったあとすぐに大野木さんと連絡を取り、そのことを聞いてみました。追加インタビューは休日だったため、子どもたちにはＳＮＳの映像を録画したものを見せました。

大野木さんは、「親の意識」について次のように語っています。

「親がいちばん悩むのは、紛争前のシリアでは90％以上の人が小中学校を出ています。高校も60％以上の人が出ています。ですので、教育のバックグラウンドはしっかりとあって、教育の大切さもわかっているのです。単にお金がないからというだけではなく、苦しみながら仕方なく、やはり生活が…という感じで働かせているのです」

データ検索をしても、大野木さんの話を裏づけるものが見つかりました。１９９０年代ピーク時には実に95％以上の就学率があるのです。この世代が親となり、２０１０年アラブに春が始まると、一気に就学率が落ちていることがわかります。

大野木さんの話や、データ資料を見た子どもたちは、自分たちの予想と大きく違ったことに言葉を失っている様子でした。ここでもう一度グループに戻しました。

「親は教育の大切さがわかってるんだぁ…でも日々の生活のために児童労働も仕方ないよね…」

「親世代はしっかりと教育を受けた世代なら、親が教育をしてあげられないのかなぁ?」

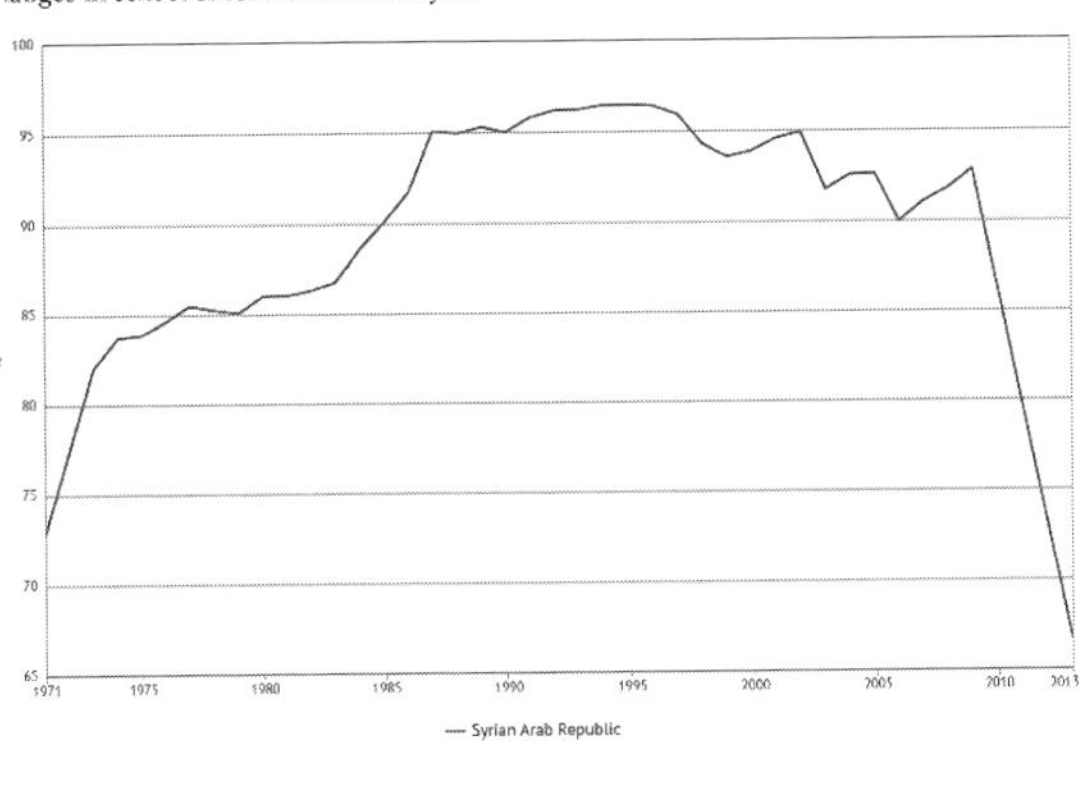

「けど、そんな余裕ないのかもよ」

「親たちも子どもに教育を受けさせてあげられない辛さや苦しみがあるってことだよね」

「そう思う。まして親たちはしっかり教育を受けてきたんだから、子どもにその教育を受けさせてあげられないのはかなり辛いよね…」

「教育を受けられない子どもの辛さもあるけど、それをさせてあげられない親の辛さもあるんだね…」

子どもたちは、教育か／労働か、今が大切か／将来が大切かという枠組みから離れ、難民のかかえる辛さそのものに目を向けるようになっていました。このタイミングで最後のジャンプの学びに移ることとしました。

ジャンプの学び　④児童婚という問題

まずは2枚の絵を子どもたちに提示しました。子どもたちには児童

出所：国連 UNHCR 協会
ⒸUNHCR/AnnieSakkab

出所：公益財団法人日本ユニセフ協会
ⒸUNICEF/JORDAN2014/Malhas

婚に関わる絵であることは言わずに、何の絵なのかを想像させてみました。

「なんかいじめられてるみたい…」

「虐待？　でも2枚目はウェディングドレス着てる…」

「ドレスを着てる女の子はお人形を持ってる…」

「女の子はなんか泣いてるみたい…」

「女の子とおじさんは目をそらしてるみたい…」

さまざまなつぶやきが聞こえてきましたが、それでもこれが一体何の絵なのかはわからない様子でした。

そこで、私の口からこれは児童婚に関わる絵だと説明しました。小さな子どもが早くして結婚するということ。相手は大人の男性であるということ。そして時として1枚目の絵のような虐待が起きているということ。説明を加えた後、この児童婚と難民の生活とどのような関係があるのかを考えていきました。

児童婚に関して大野木さんからもメールをもらっていたので、あわせてそれも子どもたちに紹介しました。

再びグループに戻して聴き合う時間としました。

「児童労働したり児童婚したり…子どもたちの自由が奪われてる気がす

る…」

「なんかお金で娘を売ってるみたい…」

「娘も家族のためにと思って我慢して児童婚してるなら切ないな…」

「しっかりと教育を受けていれば、こんなのおかしいって言えるのかも…」

「貧困だから教育を受けられない…貧困だから児童婚をする…貧困がいろんな辛さを連鎖させている気がする…」

「紛争によってこんな悲惨なことになった。でもその紛争は大人たちが始めたこと」

「大人たちの始めたことに子どもが巻き込まれて辛い目にあっている…」

「児童労働も児童婚もお金が必要だからこうなってるんだよね…」

「負の連鎖を断ち切るためにはやっぱり教育も必要なのかも…」

「何とか支援しようとする大野木さんの気持ちがすごくわかる」

子どもたちは難民の子どもたちの気持ちに寄り添いながら考えつつ、さらに負の連鎖から何とか抜け出せるよう支援をしている大野木さんの思いにも目を向け考えるようになっていました。

大野木さんからのメール

イスラム教徒では結婚の際に、新郎が新婦の家族に対して支払う「持参金」があり、貧困世帯ではこの「持参金」を収入のたよりにしたりしていました。女の子も早くして結婚（早くて12歳も見たことがあります）は嫌がっていると本心は思っていると思いますが、同時に、家族を助けるために嫁にいくという家族を助ける正義感もあります。それとキャンプのテントのようなところでの生活のむずかしさの背景も早期婚にもつながる要因の一つです。

■大野木さんの思いを知ろう

今回の単元の最後の時間です。大野木さんがどんな思いで教育支援をしているのかを子どもたちに紹介しました。

大野木さんは児童労働があることはわかっているが、それでも少しずつ親との信頼関係を築きながら少しずつでも教育が受けられるように支援していると話しています。

「親たちには私たちの教育活動を見てもらったうえで、最終的にはそれをふまえて親たちが自分の子どもをどうしたいかは判断してもらいます。私たちが決められることではありませんので。やはりそれは家族単位で決めるしかありません。」

この大野木さんの最後の言葉に子どもたちは大きく関心を抱いていました。

「大野木さんはある意味、労働と教育の両立の道を提案しているんだね」

「教育を強制するものではないと言ってるのもすごく納得」

「最終的には家族で決めるしかないというのも確かにそうだよね」

そして、このあとのサエとコウキの言葉に多くの子がうなずいていました。

サエ「だからと言って何もしない、黙って見ているというのは違うと思う。大野木さんのように、そんな状況のなかでもできることをやる。働きかけてみるっていうことがすごく大切なんだと思う。」

コウキ「本当は紛争が終わって、貧困から抜け出して、どの子も教育を受けられるっていうのが一番いいけど、現実はそうもいかない。でもそのなかでやれることっていうのを考えていくことが大切だと思う」

社会科では正解のない問題をみんなで考えるということを大切に取り組んでいます。社会的事象というのはさまざまな問題が複雑に絡み合ってできています。だからこそベストな解というのはなかなか見つかりません。しかしベターな解を探っていくことはできると思います。今回のシリア難民の学習も、たとえ遠く離れた国で起きている問題であっても、大野木さんのお話を通して、「目を向けてみる」ということを大切に取り組んでみました。

サエやコウキの言葉にあるように「黙って見ているのではなく、できることをやる。やれることを考える」という姿勢もまた大切になってきます。今はまだ11歳・12歳で具体的に何かができるということはないかもしれませんが、それでも考えてみる、問い続けてみるということが公民としての資質・能力にも大きく関わってくると感じています。

第6章 コロナ禍における学びのデザイン

最後に、コロナ禍における授業実践を一つ紹介して本書の締めくくりとします。本実践の一部は、2021年3月、第8回学びの共同体国際会議における提案授業として、世界31カ国にオンラインで生配信されたものです。SNS（Zoom）を利用してインタビュー取材を行ったり、ゲストティーチャーとして遠隔参加してもらったりと、コロナ禍だからこそ生まれた発想がさまざまありました。

「国土の自然とともに生きる〜トトロの森を守る人々の思いを通してナショナルトラスト活動の意義を探ろう〜」（5年生）

■コロナ禍でも学び合いを止めないこと

2020年3月、新型コロナウイルスの感染拡大防止のため全国の小・中・高等学校に一斉休校の措置がとられました。浜之郷小学校もその例外ではありません。突然学びが止まってしまったことや、6年生などは卒業を前に唐突に「今日が友だちと過ごす最後の日」ということを告げられました。第5章で紹介した6年生の子どもたちも、ルダシングワ真美さんとの学びがストップしてしまったことや、突然の友だちとの別れに呆然としている子や涙している子が多くいました。教師も子どももきわめて複雑な心境に陥っていました。

その後、新しい年度となってもしばらく休校が続きました。浜之郷小学校は、4月の初日、新クラス発表のある始業式の日のみ登校日とし、その後再び2カ月間の休校が続きました。

6月からは、分散登校という形で学校が再開しました。クラスの半分の人数が午前組と午後組に分かれて登校してきました。しかし当時はとにかくソーシャルディスタンスが叫ばれており、子ども同士の接触を極力避ける、会話も最小限といった認識でした。机配置もいわゆるテスト配置で間隔も一定以上空けなければなりませんでした。子どもたち同士の学びにおけるつながりが断ち切られ、一人ひとりが孤立した状態での授業が続いてしまいました。担任として私も非常にもどかしい思いをしていたことを覚えています。

このテスト配置での一斉授業形式は6月、7月の2カ月間続きましたが、子どもたちの学びを深めるという意味では非常に厳しいものがありました。とくに低学力層の子どもたちが突っ伏してしまうのです。私自身も、浜之郷小学校に赴任以来、学び合いを主軸にした授業を長年行ってきたため、この一斉授業というスタイルにどうにも仕事のペースをつかめずにいました。子どもたにも同じことがいえます。この年は5年生の担任でしたが、それまでの4年間ずっと学び合いで育ってきた子どもたちに、急に一斉授業スタイルを行っても、子どもたち自身が違和感を抱いてしまうのです。

9月からは市からの規制もやや緩和されこともあり、しっかりと感染対策を講じたうえで、ペア、3人組、4人組と徐々にグループでの学びを再開させていきました。子どもたちもグループが始まると「待ってました！」とばかりによい表情で学びに入ってくるようになりました。突っ伏していた子たちもからも笑顔が見られ、ほっと一安心しました。私自身もグループでの学びを基盤にした授業のほうがしっくりきます。子どもたちのつながりを断ち切ってしまうことは、学びそのものを止めてしまうことだということを痛感しました。

■教材づくりの方法

教材のつくり方も、コロナ禍ゆえにいつもどおりとはいきませんでした。今回は5年生「国土の自然とともに生きる」の教材づくりについて紹介します。この単元の学習対象を探していた際に、埼玉大学の北田佳子先生に相談させていただいたところ、狭山丘陵にある「トトロの森」を守る活動をされている安藤さんを紹介していただくことができました。狭山丘陵だと同じ関東圏ですし、茅ヶ崎からだと圏央道を使えば1時間ほどで行くことができます。本来であれば社会科見学として設定し、直接現地を訪れ、子どもたち自身が見て・聞いて・感じることを通して、学習への動機づけとしたいところです。しかし今回はそれもできません。緊急事態宣言が発令されていた時期でしたので、遠足にすらいけない状況でした。

そこでまずは、SNSを使って安藤さんに取材をさせてもらうこととしました。安藤さんたちはナショナルトラストの手法を用いて森を買い取り恒久的に保全していく活動をされています。これまでの活動の経緯や、ともに活動をされている皆さんの思いを教えていただくことができました。また、活動は順風満帆なことばかりではなく、さまざまな困難やジレンマをかかえながらの取り組みであることもわかりました。今回はこの困難やジレンマに焦点を当てて教材化していくこととしました。

とはいえ、実際に現場を訪れたことのない子どもたちに、どのようにして身近な事柄として考えさせるかが大きな問題でした。そこで、私が現地に行って森を歩き、ビデオ撮影をすることとしました。「森に行くんだし…」「密になるところに行くわけではないし…」と自分に言い聞かせながら恐る恐る行ってきました。でも行ってみて本当によかったです。このころは休日もずっとステイホームしていたせいか、森の散策はとても気持ちよくておもしろかったです。トトロの森を守る活動をされている皆さんにインタビューをしたり、現地を案内してもらったりと、とても学びになる一日を過ごすことができました。具体的には安藤さんに来ていただき森を案内してもらうことができました。さらに安藤さんとともに活動されている北浦さん、児島さんともつないでいただき、対談形式の動画を撮らせてもらいました。子どもたちには私が撮影し、私の声がナレーションとして入っているトトロの森の紹介動画や、私とトトロの森を守る人々とが対談している様子を見せることで、題材に対する親近感を持たせていくこととしました。また安藤さん、北浦さん、児島さんからも「浜之郷小学校5年1組のみなさん、こんにちは」から始まるメッセージ動画も撮影させてもらいましたので、さらに題材に対する関心を高めることができたように思います。実際の授業では、安藤さんにSNSを通して登場していただくなど、コロナ禍なりにできる「人」の思いを探る授業デザインを考えることができました。

■授業の実際

それでは子どもたちの様子をふまえながら、授業内容を紹介していきたいと思います。

共有の学び

「国土の自然とともに生きる～トトロの森を守る人々の思いを通してナショナルトラスト活動の意義を探ろ

う～」という単元を設定し、学びを行っていくこととしました。この単元では、「資料から必要な情報を読み取り、森林資源の分布やナショナルトラスト活動について理解を深める」「国土や地域の自然環境に関する記述や写真、統計などの資料を活用し、自然環境と人々の生活や産業・開発との関わりについて広い視野から考えることができる」「環境を守る人々の取り組みや、それらの人々の工夫や努力に関心をもち、進んで調べようとする」という3つのねらいを設定しました。これらのねらいを達成するための学びのデザインについて紹介していきたいと思います。

今回は「トトロの森」を題材にしているのですが、そもそもアニメ『となりのトトロ』に出てくるような里山のイメージがない子や、『となりのトトロ』自体を見たことがないという子もいました。そこでまずはみんなで『となりのトトロ』を鑑賞することから始めました。

見終わった子どもたちからは、次々と感想が出されました。

「なんか昔の日本って感じがする」

「田舎のおじいちゃんの家の近所はこんな感じだよ」

「今はなかなかこんな森は残ってないよね」

「とくに都会にはないよね」

「ビルばっかりだよね」

そこで航空写真（Google マップ）を用いて、現在の首都圏の様子を見てみることにしました。

「なんかほとんど灰色だね」

「灰色の部分ってビルとかの建物なのかな…」

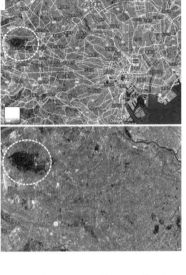

「本当に緑が少ないね」

「やっぱり都会は開発されているね」

狭山丘陵に目を向けさせるために、航空写真を東京~埼玉のあたりにクローズアップしてみました。すると、「あれ？　このあたりってけっこう緑が残ってるよね」「ほんとだ！　灰色のなかにぽつんと緑が残ってる！」などのつぶやきがありました。

子どもたちが狭山丘陵に気づいたこの段階で、ここがアニメ『となりのトトロ』のモデルとなった場所であることを伝え、さらに「トトロの森」と名づけられた場所がたくさんあり、そこはナショナルトラストという活動によって保護されていることを知らせました。

子どもたちはアニメのモデルとなった場所が実際にあることに興奮気味でした。しかも〝現在も保護されているということ〟〝そしてナショナルトラストという聞きなれない活動によって守られている〟という点にも興味津々の様子でした。そこで「共有の学び」として「ナショナルトラストとは何か」「ナショナルトラストを通して自然を守ろうとしている人々の思い」を探っていくこととしました。

まずは、事前に私が現地を訪問して作成した「トトロの森紹介」の動画や、トトロの森を守る活動をされている皆さんとの対談の様子を見せていくことで、学びへの動機づ

インタビューでの安藤さんのお話

埼玉県と東京都の間に、「ふるさと基金」という団体が作ったトトロの森という森があり、今では50カ所以上が保全されています。トトロの森には多くの生き物がいて、思わず息をのむような美しい自然が広がっています。トトロの森ができる前は誰も手入れをしていない雑木林がありました。雑木林には、1000種類以上の植物があって、カエルやホタルなどの動物や昆虫がたくさんいました。絶滅のおそれがあると言われている貴重な生き物もたくさんいたのです。しかし1980年ごろ、雑木林を壊して大学の新しい校舎を建てることになってしまったのです。新しい校舎が立てられれば、せっかくの自然の雑木林がなくなってしまいます。ふるさと基金は全力で反対しましたが、結果的に雑木林を壊されてしまいました。そしてふるさと基金は、壊されずに少しだけ残った雑木林を何とか守ろうと決意しました。しかし建物が建ったせいで、雑木林が建物の材料置き場にされたり粗大ゴミが捨てられたり、みんなのゴミ捨て場にされていたのです。ゴミが捨てられていると、そこに住んでいる動物や植物たちに悪い影響が出てしまいます。ふるさと基金は、雑木林の土地を買って自分たちで美しい森にしようと決めました。これをナショナルトラスト活動といいます。土地を買えば勝手に壊されたり汚されたりしないからです。そのためにはお金を集めなければいけません。まずは自然を守るためにお金を寄付してくれる人を集めました。すると同じように自然を守りたいと思ったたくさんの大人や子どもたちがお金を寄付してくれたのです。そして無事に土地を買い、森を守ることができました。こうしてトトロの森第一号が作られたのです。その後30年間、ナショナルトラストの手法を用いて保全する森を50か所以上に増やしていっています。

けとしていきました。

対談は、1時間ほど撮らせてもらいました。安藤さんからは森をめぐる歴史や、その保全への思いを聞くことができました。北浦さかんからは、自分が子どものころに見た里山の風景を未来に残したいという思いや、自然とともにある暮らしと社会についてお話をうかがいました。また児島さんからは10年後、20年後の環境についてみんなに考えてもらいたいという切実な願いが語られました。

子どもたちからはさまざまな声が上がりました。なかでも多かったのは、「そもそもなんでこの森を開発しようとする人がいるんだろう?」という疑問でした。まずはこの疑問に対しての探究から始まりました。

「やっぱり便利な社会、暮らしやすい社会にするためには開発が必要ってことなのかも…」

「埼玉なら都心から近いし、開発してビルとかショッピングモールとか建てたら儲かるからかも」

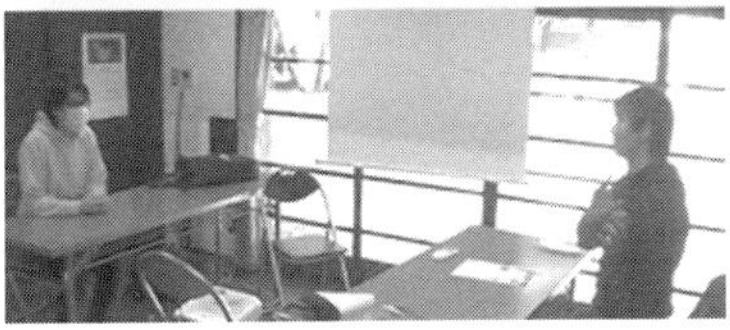

「ってことは、やっぱりお金を稼ぎたいってこと？」

「けど、お金儲け・商売は悪いことではないよね…」

このように子どもたちのなかには、開発側のいわゆる〝思惑〟を推測しはじめる子が多くいました。

そんななか、ユウタが「安藤さんたちのように森を守りたいと思う人も多くいるんだよね」と投げかけました（本章に登場する児童の名前はすべて仮名）。ユウタは自分に自信がもてずに、学びにも消極的な子だったのですが、この一年で、大きく成長した子の一人です。彼を支える周囲の温かさや、自分の発言に対して必ず応えてくれる仲間がいるという安心感が、学びへの意欲を高めていくことにつながっていったのだと感じています。

「児島さんも未来に森を残したいって言ってたよね」

「都会の近くにある数少ない森…開発しちゃうのはもったいないよね」

「一度自然がなくなると元に戻すのは大変だよね…」

ユウタが再度切実に語りました。

「このままだと地図が灰色だらけになっちゃうよ！」

ユウタのこの発言を受けて教室全体が開発に対してややネガティブな雰囲気となりました。そんなときサトミが声を上げました。

「開発も悪いことばかりじゃないと思う。開発があることで、救われる人もいると思う。たとえば、レジャー施設があれば、今まで遊びにいけなかった子どもたちが遊びに行けたりする。これも未来のためと言えるんじゃないかな」

ミクも続きました。

「人を助ける開発と、人を困らせる開発があるってことかもね…」

教室からは「うーん」と何とも言えぬジレンマに陥る声が流れました。この空気を察してナオトが発言し、サナエも続いて賛同しました。これに加えてコトハが発言をしました。

ナオト「森の存在がなくなったら環境のことを考える人すらいなくなっちゃうんじゃない？」

サナエ「もう十分開発はしてきたと思う。唯一残されたこの森は守っていくべきだと思う」

コトハ「開発したい人と守りたい人がいる。だからこそナショナルトラストという手法が有効ってことなんじゃないかな」

このコトハに意見に対して、「やっぱそれしかないのかもね」「まずは土地を所有するって考えだよね」「賛同してくれる人を集めるといいのかもね」など多くの子がうなずいていました。

授業後のノートの振り返りを見ると、ほとんどの子が開発が悪いわけではないことを理解しつつも、ビルや商業施設などの経済優先の開発に対しては後向きな印象をもっていました。

ジャンプの学び　①狭山丘陵大規模墓地建設問題について考えよう

「共有の学び」として、子どもたちはビルや商業施設といった経済優先の開発に対してはネガティブな印象をもっており、そういった開発から森を守るためにもナショナルトラストという手法は有効なのではと考えるようになっていました。

そこで「ジャンプの学び」として、その開発がビルや商業施設ではなくお墓であればどうなのだろうかとい

◎お寺側の主張

墓地の必要性

超高齢社会の到来で墓地の爆発的需要増が予測される。埼玉県内の墓地供給予測では、深刻な墓地不足になる状況。

緑地の保全

所沢市の条例が定める「緑地が占める割合25%」を40%以上とする。

『人の死』という現実

焼骨の埋葬場所は極めて深刻な社会問題であり、その高度な必要性に基づいて申請を行った。

◎お寺に土地を売った地主さんの主張

- 地域の人が持っているもの・財産を有意義に使いたい。
- 土地を持っていると税金が発生する。
- ビジネスですから、より高い金額で売りたい。
- お寺はトトロの側の3倍～4倍の値段で買ってくれた。
- 墓地ができることはいいことだと思います。
- どうせ放っておく山で管理するのも大変です。
- 価値のない土地だと私は思っています

◎「トトロのふるさと基金」の思い

湿地の水が出るところの水源に墓地ができるので反対しいます。湿地が枯れてホタルも住めなくなってしまいます。天然のホタルが生息するほど貴重な場所です。丘陵の中みどりを守って、良い形で将来に残したいです。どんどん自然がなくなっているので私たちは何としても止めたいと思っています。今あるものを残して次世代に渡していくのが大事だと思います。そうでないと緑は減るばかりです。ナショナルトラストの手法を通して土地を買い戻せないかと考えている。

う問いを投げてみました。具体的には、狭山丘陵で起きた大規模墓地建設を題材としました。森を守りたい人々の思い、墓地を建設したいというお寺側の思い、地権者の権利、それらをとりまくさまざまな利害関係などに目を向け、複雑な社会構造のなか、人々がどのような決断に至ったのかを探求していくというデザインを試みてみました。

安藤さんたち「トトロのふるさと基金」はナショナルトラストの手法を用いて、狭山丘陵の土地を順調に買い進め保全を行っていました。そんな時、あるお寺による大規模墓地建設計画が浮上したのです。6990㎡の土地に850基以上を設置するという大規模なものでした。しかもその土地は、ホタルの舞う湿地の水源地にあたる場所でした。

安藤さんたちは反対しましたが、結果として墓地建設計画は認可され、お寺側が先にこの土地を地権者から購入するという形になりました。

子どもたちは「共有の学び」において、安藤さんたち

の思いは十分に理解しています。しかしフラットな立場で考えさせるために、まずはお寺側の主張や地主さんの思いを示す資料から提示することとしました。

さらに取材に行った際に、トトロ側とお寺側の間に入って仲裁をされた安田さんにも来ていただき話をうかがっていましたので、その様子も私との対談形式で撮影させていただき、子どもたちに見せることにしました。安田さんは、「お寺さんがお墓をつくるということは、檀家さんからのいろんな希望に対して提供するという、立派な理想と思想があります。ですので、緑を守ろうとする人とお墓をつくりたいという人はどうしてもぶつかってしまいます」と語られていました。

子どもたちからはこれらの資料を受けてさまざまな声が出てきました。

「確かにお墓は必要だよね」

「今後どんどん高齢化が進むならなおさらだよね」

「けど都会にはもう大規模な墓地をつくる場所なんてないんだよね…」

「狭山丘陵は都心からも近いし、ちょうどいい場所といえばそうなっちゃうね…」

ビルや商業施設の建設は嫌だと言っていた多くの子も、どうやらお墓となると考えが揺れてしまうようです。そんななか、マコトがつぶやきました。

「なんかお寺もお金稼ぎのためにお墓をつくりたいんじゃないかな…」

この言葉に一瞬教室全体が凍りつきました。子どもたちのなかには「人の死」と「ビジネス」という概念は結びつけてはいけないタブーだという思いがあったのです。この日は、マコトの発言もあり、子どもたちは思考の整理がつかず、ややモヤモヤした状態で終わっていきました。

翌日の授業は、第8回学びの共同体国際会議における提案授業として、世界31カ国にオンラインで生配信されるということで、担任の私は口から心臓が飛び出るんではないかというほどの緊張状態でした。いっぽう子どもたちは非常にリラックスしており、むしろこの状況を楽しんでいるようでもあり、なんとも大したものです。しかも学習において支援が必要な子ほど周りに支えられながら楽しんでいる様子が見受けられました。口火を切ったのがカズヤでした。

「昨日マコトがお寺もお金儲けのためにやっているって言ってたけど、お金儲けは悪いことではないと思う」

前日は「お墓」と「金儲け」という結びつきについてやや凍りついてしまっていた子どもたちも、一日経過したことで思考もやや整理されてきたようで、次々と言葉が出てきました。

「先に土地を買ったのはお寺なんだから、お金儲けでもお寺の自由なんじゃないかな」

「それにお墓を待ち望んでいる人もたくさんいるよね」

「地主さんだって高く買ってくれるお寺に売るのは納得できる」

次々と墓地建設に賛同する声が上がってきました。そんななか、以前の資料に着目しながら発言したのがコトハでした。

「北浦さんの話に、墓地建設に反対する署名が5万人集まったってあるじゃん。お寺が先に買ったからって自由にしてもいいのかな？」

このコトハの意見に多くの子がうなずいていました。

「守る価値のある土地だから5万人も集まるってことだよね」

さらにこの学習に対して並々ならぬ意欲をもっているユウタが続きました。

「水源を守ってお墓も立てる。どっちも実現できないのかな」

子どもたちは両方の立場の思いに寄り添いながらも、揺さぶられている様子が見られました。そこで授業者の私から次のような発問を投げてみました。

「この両者の間にある障壁って何なのかな？　いったいどんな壁があるんだろう？　グループで聴き合ってみよう」

この発問はかなり抽象的で難易度が高いかとも思ったのですが、そこはグループの力で何とかなるものだと信じてあえて投げかけてみました。

どのグループも頭をかかえていたり、かなり悩ましい表情をしながら話しはじめたのが印象的でした。それもそのはずです。今回のグループ交流は、知恵の出し合いというよりかは、言葉にならない感覚をあえて言葉にしていくという作業なのですから。

再び全体交流に戻すと、ヨウタが語りはじめました。
「両者の間にあるのは〝納得〟という壁だと思う」
ヨウタは、両者が納得できる方法を考えていくべきだと主張するのです。この発言は同じグループのユウタへの応答の意味が込められているのです。「どちらも守りたい」と発言していたユウタに対して、こういった場面で応答ができるのが彼のすばらしいところです。学びでユウタとつながり支えてあげているからこそ、ユウタがくじけずに学び続けることができるのだと感じました。ユウタをめぐる周りの温かい支えについては、この授業を参観されていた埼玉大学の北田先生も注目されていたのが印象的でした。さらにサエが続きました。

「両者の間にあるのは〝権利〟の壁だと思う」

サエは終始一貫して森を守りたいという立場で思考しているのですが、先に土地を買ったのがお寺である以上、その権利を超えて何かができるわけではないという無力感を語っていたのです。そこで私が切り返しの発問を出してみました。

「権利をもっていれば、その土地をどう活用しようが自由? それとも反対している人たちの声に耳を傾けるべき?」

この発問は、〝権利を守っていくことは大切〟〝しかしそこを守りたいと思う人々の思いや願いがそう簡単に無碍にされてしまう世の中でいいんだろうか?〟というニュアンスを少なからず込めて投げかけてみました。

グループではさまざまなつぶやきが聞こえてきました。

「権利をもっている人がやっぱり優先だよね」

「反対の意見を聞いているときりがないかも…」

「けど森を守る人たちのことを考えると、なんだかかわいそう…」

「お寺に権利があるからお墓をつくってもいいけど、850基は多すぎじゃない?」

そんななか、ナナミが声を上げました。

「お寺が権利をもってるからって、トトロ側は何もできないってわけじゃないと思う。がんばれば考え直してもらえるんじゃないかな」

この発言に、多くの子ハッとしたようでした。

「確かに」
「5万人の署名って5万人の願いってことだよね」
「ナショナルトラストってそういう意義もあるのかも」
「だから安藤さんや北浦さんはあきらめず買い戻そうとしたのかも」

子どもたちは〝権利〟と〝願いや思い〟というある意味、質の異なるものを天秤にかけながらも、何らかの思考の糸口が見えてきたようでした。ここで「ジャンプの学び」②へ移行することにしました。

ジャンプの学び ②産業廃棄物・建設残土問題

大規模墓地建設が計画されている土地の写真を子どもたちに見せました。なんともいびつな形状をした地形なのです。子どもたちからは「段々畑みたい」「川の流れで削られてこんな変な形になったんじゃない?」などさまざまな意見が出ました。安藤さんと北浦さんには事前にメールでその真相をお聞きしていたので、今回はそのメールを追加資料として提示しました。

安藤さんからのメールには、1980年代、首都圏の開発工事で大量に建設残土や廃棄物などが発生し、狭山丘陵はそのゴミ捨て場のようになっていたことや、今回の場所も谷が建設残土や廃棄物で埋め立てられ場所であるので、このようないびつな形をしていることが記されていました。

北浦さんからのメールには、建設残土というのは建物などを解体したあとに残った土であり、さまざまなものが含まれている場合が多く、しかもほとんどの場合それをきちんとチェックしていないので、中身はよくわからない怪しげな土の山というのが実態であること、またナショナルトラストの手法を通してこのような問題のある土地を買い戻すことについてさまざまな議論があり悩んだことが記されていました。

また、当時の土地調査の資料からは、現場の直下ではないものの、近くの土地から基準の4倍もの数値の水銀が検出されたことも明らかになりました。

「ジャンプの学び」②はこのような土地であっても、ナショナルトラストの手法を用いて買い戻すべきか、またお寺はこのような土地であってもなぜお墓をつくろうとするのかを探っていくこととしました。

さっそく、グループでの聴き合いに戻しましたが、明らかにどのグループも先ほどまでとは声のトーンや雰囲気が異なっていました。墓地建設か自然保護かというステージを超えた資料に衝撃を受けたようでした。また水銀というワードが、前単元で水俣の学習をしていたこともあり、重くのしかかったようでもありました。

出所：「狭山丘陵アーカイブ」（荻野豊、1992年5月撮影）

1-1 人の健康の保護に関する項目

項目	基準値	A	B	C	D	北野谷戸	No1	No2	No3	N05
カドミウム	0.01 mg/l 以下	<0.001	<0.001	<0.001	<0.001	<0.001	<0.001	<0.001	<0.001	<0.001
全シアン	検出されないこと	<0.1	<0.1	<0.1	<0.1	<0.01	<0.1	<0.1	<0.1	<0.1
鉛	0.01 mg/l 以下	<0.001	0.008	<0.001	<0.001	<0.001	<0.001	<0.001	<0.001	<0.001
六価クロム	0.05 mg/l 以下					<0.005	<0.005	<0.005	<0.005	<0.005
砒素	0.01 mg/l 以下	<0.001	<0.001	<0.001	<0.001	<0.001	<0.001	<0.001	<0.001	<0.001
総水銀	0.0005 mg/l 以下	<0.00005	<0.00005	<0.00005	0.002	<0.00005	<0.00005	<0.00005	<0.00005	<0.00005
アルキル水銀	検出されないこと						<0.00005	<0.00005	<0.00005	<0.00005

Fig2_4a　有害物質調査A_1：早稲田大学周辺残土・ゴミ山周辺浸出水有害物質調査地点(4箇所)
サンプリング日:2009年11月17日(火)10時～14時　天候:雨
調査項目；人の健康に関する項目21項目、生活環境保全に関する項目:14項目、その他:4項目
分析機関:早稲田大学環境保全センター
有害物質調査A_2　D地点水銀追加調査
サンプリング日:2009年1月12.13.14日　調査項目；水銀　分析機関:早稲田大学環境保全センター

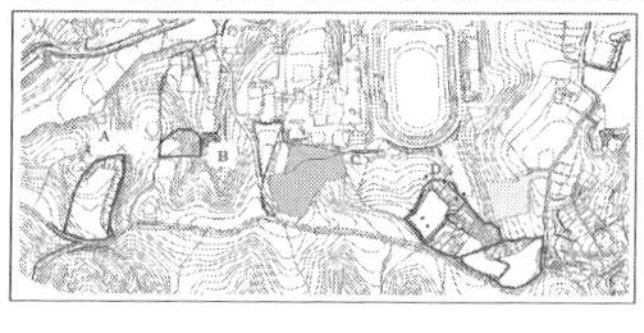

出所：財団法人トトロのふるさと財団「新しいナショナル・トラスト活動の手法に関する調査研究」2009年度地球環境基金助成調査研究

全体交流に戻すとソウスケが不安そうな表情で話しはじめました。

ソウスケ「ここの土地はごみ山としておくしかないのかも…」

多くの子が神妙な表情を浮かべていましたが、やがて次々に語りはじめました。

「ごみを取り除いてお墓をつくれないのかな」

「ごみの上にお墓をつくるのはよくないよね…」

そしてノブヒコが以前の資料を手繰りながら語ると、ショウタもこれに続きました。

ノブヒコ「北浦さんはホタルを守りたいって言ってる。この状態でもホタルが生きられるんだったら買い戻すべきなんじゃないかな」

ショウタ「ホタルを守ることが願いなんだからね」

社会の営みに絶対的な正解などはありません。ですが、子どもたちは一生懸命にこの学びに向き合っていました。最後にヨウタが語りました。
「やっぱり、お寺側とトトロ側が協力して話し合わないと何も進まないんじゃないかな…」
この言葉に皆がうなずいていました。このタイミングでSNS（zoom）を使って、安藤さんに問いかけてみることにしました。子どもたちにはリモートで安藤さんが見ていることは内緒にしていたので、突然の安藤さんの登場に驚きと同時に歓声が上がりました。
安藤さんからは建設残土やごみが埋まっている土地という問題のほか、土砂崩れの危険性がある土地であったことを知らされました。この問題の解決のために6年間もの長きにわたって両者の話し合いが続いたことも語られました。そして最終的には所沢市とトトロ側が共同で募金を集めて買い戻したという事実が伝えられました。

奇しくも、子どもたちが最終的にたどりついた「話し合いでしか解決の道はない」というものと同様の結果でした。「話し合いで解決」という一見オーソドックスな結末ですが、子どもたちはたいへんな遠回りをしてこの結論にたどり着いたことはとても価値のあることであったように思います。

当然安藤さんたちはこのような決断をしたという話であって、これが絶対的な正解というわけではないことを、子どもたちは十分理解していたようです。

今回は「国土の自然とともに生きる」という単元であり、ナショナルトラスト運動や、環境を守る人々の取り組みや、それらの人々の工夫や努力に目を向けていくことをねらいとしていましたので、このような授業デザインとなりました。

何よりもコロナ禍ではありますが、ＳＮＳの技術などを使いながら、学びを行えたことが嬉しく思いました。

あとがき

毎年さまざまな子どもたちと出会い、学びと生活をともにしていくことができるのが教師の醍醐味であると思います。また、その年ごとの学年カラー、学級カラーがあることが、飽きることなくこの仕事を続けていける理由なのかもしれないと感じています。そんな子どもたちとの出会いが、私の授業スタイルをつくり上げていったのだと思っています。私は、「自信をもって自己の思いを表現できる子どもたちをめざして」という個人テーマを設定して日々授業づくりに取り組んでいるのですが、なぜそのようなテーマ設定に至ったのかの経緯を簡単に紹介したいと思います。

ある年の子どもたちは、4月の様子を見ていると、自分に自信がもてないために、思いを表現することを躊躇している子が多くいました。グループ学習でも一部の発言力のある子だけが言いたいことを言い、ほかの多くの子がお客さん状態になりがちでした。しかし、みんな考えをもっていないのかというと、そうではありませんでした。ノートを回収して見ていると、どの子もしっかりと考えをもっていました。ほかにはない着眼点で考えている子、ぜひみんなに紹介したい考えをもっている子も多くいました。しかし残念ながらそれらが自己完結している状態でした。休み時間や給食の時間などに「自分の考えを伝えるの苦手？」とさり気なく質問してみたことがあります。すると「間違っていたら恥ずかしいしなぁ…」「合っているかどうかわからないから…」「ノートに書くのは平気だけど…」といった答えが返ってきました。どうやら子どもたちのなかには〝正しいことを言わなければならない〟〝正解を出さなければならない〟という思いが根強くあるようでした。また、〝間違ったことを言って恥をかきたくない〟といった不安も同時に存在しているように感じました。

またある年の子どもたちは、4月当初、どの子もよく発言をするのですが、いわゆる「お利口発言」ばかりするのです。「先生、こういう意見を望んでるんでしょ」「お手本的な意見ってこういうのでしょ」と言わんばかりの当たり障りのない発言ばかりがつながっていくことが多く、多面的・多角的に思考を広げていくことへのむずかしさを感じました。クラスみんなで一つの事象を深く見つめ探究していくことにも物足りなさを感じていました。しかし、休み時間の遊びや、学活で行うクラスレクのなかではおもしろい発言や考え方、するどい考察などが頻繁に見受けられたのです。これがどうして授業で出ないのか、とても不思議でした。先ほどのクラス同様に、休み時間や、給食の時間にこの疑問を何人かの子に直接ぶつけてみました。すると、「授業では正しい答えを言ったほうが先生もうれしいでしょ」「まじめなことを言わないと、授業が変になるよ。そうなると先生困るでしょ」などという、まるで教師への忖度のような答えが返ってきました。どうやら子どもたちのなかには、授業での発言に対する凝り固まった狭い枠組みがあり、そこから抜け出せない子と、あえて抜け出さない子がいるようでもありました。また、「お利口発言」の根底には思いや考えを発信することへの自信のなさもあるように感じました。自信がないゆえに、万人受けする無難な発言を繰り返しているのではないかと感じました。

このような子どもたちとの出会いを通して、私は「子どもたちにはもっと気軽に、そして気楽に自己の思いを表現してほしい」「思いを伝え合うことを通して学びあう楽しさを発見してほしい」そんな思いが芽生えてきました。その思いはやがて「自己表現への不安を取り除く授業づくり」そして、「きれいごとや無難な意見にとどまるのではなく、社会事象の本質に目を向け、深く考え学びあえる集団づくり」をめざしていこうという決意に変わっていったのです。

正解のない問題をみんなで考える

「正しいことを言わなければならない」「正解を出さなければならない」という、子どもたちの学びに対する不安や、狭い見方を社会科の授業を通して少しずつ変えていきたいと思いました。そこで始めたのが、「正解のない問題をクラスみんなで考えていく」ということです。正解も不正解もない、成功も失敗もない、このような課題設定を行ったことで子どもたちは学びに対する不安を取り除いていき、前向きに取り組んでいこうとする意欲の向上にもつながっていきました。

正解のない問題を考えるための手法として、「人」を主軸とした学びのデザインがあります。本書では7つの授業事例を紹介していますが、すべて「人」が主軸となった学びのデザインとなっています。どの単元においても、題材に関わる人物をクローズアップし、その人物の思いにふれながら授業を進めています。実際「社会的見方・考え方」を身につけさせるには、用語の暗記ではなく、この社会を形成している人々の〝思い〟を感じ取り、そこから考えを深め広げていくことが大切だと考えています。社会の営みに「絶対的な正解」はありません。だからこそ人は工夫をし、努力をし、葛藤をするのだと思います。そんな人々の〝思い〟にふれながら、正解のない問題をクラスみんなで考えていくようにしています。多様なものの見方・考え方を交流させることでこそ、学びが生まれると同時に、学ぶことの楽しさを味わえるものだと感じています。

こんな時代だからこそ「聴き合う関係」を大切に

ここ数十年間の急速なＩＴ技術の向上により、日本の教育界でも多くの場面でコンピューターが活用されるようになりました。また、「AI・Society 5.0・IoT」などの用語が学校現場でも飛び交うようになりました。コンピューターの有効利用による教育力向上の効果については、教育関係者の間においても多くの意見が交錯しています。極端な例をあげると、子どもたちは「Google」などの検索ツールの簡単な操作によって、情報や知識の類であれば、ありとあらゆるものを瞬時に手にすることが可能です。教科書では追いつかないような最新情報まで取得できるようになったのです。しかし、どんなにコンピューター技術が進化しても〝学校での学び〟には、重要な役割があると考えています。

学校教育の重要な役割の一つに「人間関係の構築力育成」があげられると思います。この「人とつながり、関係を構築する力」は、コンピューターと向かい合うだけでは、学ぶことができないものです。多様な文化や価値観を知り、それを受け入れるだけでなく自分の意見や考えを相手に適切に伝える「言葉」、さらに「表情やジェスチャーなどの身体全体」を使った独特の技法が必要になるからです。

私の授業ではペアやグループをつくって交流し、相手の意見を聴き、寄り添い、そして受け入れる経験をするなかで、他人の意見や価値観を否定することなく交流するアサーティブコミュニケーションの力を育成しています。相手に寄り添いながら学び・高め合うためには何よりも「聴き合う関係」が大切であるといえます。心がけていることは、子どもたちが夢中になって学ぶことができる課題の設定と場づくりです。また、授業者の私が語りすぎたり、教えすぎたりすることのないよう意識しています。

いっぽう、ＩＴによる新しい世の中にも対応できる力の育成も重要だと考えています。これからの情報社会・国際社会では「非定型であり創造性や協調性が必要な業務」を担える人材が必要になってくるとの見通しです。「教師から与えられた問題を解決すれば済む」基礎的な能力だけではなく、そこに自ら課題を見いだすなどの想像力・創造性、さらにはその場に応じた適切な新しい何か（アイデア）を加えることができる能力も育てていかなくてはなりません。想像力や創造的に考える力を高めるためには、「多種多様な意見や考えを伝え、受け入れて認め合うこと」、そして「クラス全体の学び合う探究心を高めていくこと」の経験の繰り返しが大切だと考えています。これらは、決して、一人の力では成しえないことです。「聴き合う関係」は、まさに想像力・創造性育成の出発点だともいえます。

「聴き合う関係」「認め合う関係」は、子どもたち一人ひとりの考えを大切にしたクラス環境で育まれると考えています。それは子どもたちの多様な意見を教師が適切に環境設定し促進することで高まるものだともいえます。そのためにも教師自身も「聴く」ということを大切にし、「聴く⇩つなぐ⇩もどす」という居方を常に意識しておく必要があります。

情報社会が発達する前までは、私たち教師は「考え方や知識を与える役割」という捉え方だったかもしれませんが、更新されつづける新しい情報とともに生きるこの現代社会は、「今までの考え方や知識が常に正しい」という見方を捨てなければならないということを意味します。世界を脅かすことになった新型コロナウイルスの影響からもわかるように、私たちの社会には答えの見えない時代が到来したということが、実感できると思います。この答えの見えない時代を生きていく力を育てるためにも、学校という集団で学び合う場が必要だといえます。それぞれの考えをもち寄り、よりよい答えや道筋を模索し、探究する「学び合う力」の重要性を痛感します。

教師は従来のような旧知の考え方や知識をただ教えるという存在ではなく、子どもたちの実態に応じた「聴き合い・学び合い」を先導するファシリテーターとしての役割が大切だと思います。従来どおり授業づくりに対して責任をもち、かつコンピューターワークにはない人間らしさ（計算不可能な力、無限の可能性）を活かした学びを進めていくことこそが学校教育、教師の重要な役割だと考えています。本書では、子どもたちの「言葉」をできる限り多く掲載しました。子どもたちがどのように聴き合い、認め合い、つながり合って学びを深めていくのか。また、教師はどのように学びをデザインしファシリテートしていけばよいのかを読者の皆さんとともに考えていくためのたたき台となればこの上なく幸いです。

最後に佐藤学先生には、浜之郷小学校着任時から今日まで継続的に授業を見ていただきご指導とご支援を賜ってきました。また本書の出版に際しても、たいへんご多忙のなか、時間を割いていただき序章の執筆を賜りましたこと、心より感謝と御礼を申し上げます。また、人言洞の二村和樹氏には私の社会科実践に深い理解を示していただいたと同時に、書籍化・出版に多大なご尽力をいただきました。心より御礼を申し上げます。

そして、ともに学びを創造してくれた脇坂級の子どもたち
「みんなのことが大好きです！　本当にありがとう！」

２０２３年４月

脇坂　圭悟

［著　者］

脇坂 圭悟（わきざか けいご）

神奈川県 小学校総括教諭。大阪教育大学を卒業後、民間企業、寒川町立寒川小学校（2006-2012年）を経て、茅ケ崎市立浜之郷小学校（2012-2022年）に赴任（2017年より研究主任を務める）。2022年からは茅ケ崎市立浜須賀小学校に勤務（2023年より東京学芸大学教職大学院へ現職派遣）。北京師範大学に招待され社会科教育セミナーを開催（2019年）、埼玉大学教育学部非常勤講師（2019年）、第８回学びの共同体国際会議（世界31カ国・2100名参加）にて提案授業を実施（2021年）。個人研究テーマを「自信をもって自己の思いを表現できる子どもたちをめざして」と設定し、そのなかで「学び合う学び」「聴き合う関係づくり」「社会科におけるジャンプの学び」を追求している。

佐藤 学（さとう まなぶ）

東京大学名誉教授。北京師範大学客員教授、教育学博士。東京大学大学院教育学研究科元科長・学部長（2004-2006年）。エル・コレヒオ・デ・メヒコ招聘教授（2001年）、ハーバード大学客員教授（2002年）、ニューヨーク大学客員教授（2002年）、ベルリン自由大学招聘教授（2006年）を歴任。全米教育アカデミー（NAEd）会員。日本学術会議第一部（人文社会科学）元部長。日本教育学会元会長。アメリカ教育学会（AERA）名誉会員。アジア出版大賞（APA）大賞次賞（2012年）。明遠教育賞（2019年中国）。著書多数。主要な著書が、中国語（簡体字）、中国語（繁体字）、韓国語、英語、ドイツ語、フランス語、スペイン語、インドネシア語、ベトナム語、タイ語に翻訳されて出版されている。

主権者を育てる社会科の授業

—社会と出会う・社会を知る・社会を生きる

2023年５月30日　第１版第１刷発行

著者　　脇坂 圭悟・佐藤　学

発行者　二村 和樹

発行所　人言洞 合同会社 〈NingenDo LLC〉

〒234-0052　神奈川県横浜市港南区笹下６－５－３

電話　045（352）8675 ㈹

FAX　045（352）8685

https://www.ningendo.net

印刷所　亜細亜印刷株式会社

定価はカバーに表示してあります。

乱丁・落丁の場合は小社にてお取替えします。

ISBN 978-4-910917-04-7